法学への招待

An Invitation to Jurisprudence

高田篤【編】

柴田尭史
山本顯治
小田直樹
前田雅弘
山本克己
高橋明男
川濵昇
志賀典之
松永詩乃美
服部高宏
堀竹学
安田理恵

OIDAI
ライブラリー

追手門学院大学出版会

目次——法学への招待

まえがき

「人間の共同生活の特徴は、人間相互の行動が規律されていること」であり、「[社会]秩序とは、如何に各人が他人との関係において行動すべきかを定めるところの準則の複合体である。かかる準則は規範と称される」。[*1] 公法学者ハンス・ケルゼンのこの言葉が想起させるように、規範・法は、過去から未来の全ての社会における普遍的な存在である。そして、かかる規範の代表格である法を究め、教授する場である法学部は、ヨーロッパ中世で大学誕生と同時に設立され、今日に至るまでその中心的な位置を占めてきた。法学部は、法学教育を通じ、長きにわたり、多くの国・地域において、社会の枢要な役割を担う人材を輩出してきた。近代化と共に法学部が成立した日本でも、事情は同じであった。裁判官・検察官・弁護士（狭義の法曹）を典型とする、法に直接かかわる人材が育成されただけでなく、法学的なものの考え方を身につけた人材が、社会の様々な分野において中心的な役割を果たしてきたのである。

何故それが可能となったのか。そのカギは法学的思考の特性にある。法学において、個別・具体的な問題を法的に検討する際には、個々の事象だけでなく、法体系全体を視野に入れる必要がある。それゆえ、法学をまなぶことで、個別的・具体的・実践的かつ総括的・体系的・理論的に分析する能力が育成される。また、日本の法学では、歴史的、比較法的考察も不可欠であり、それにより、変動していく社会の事象を客観的・相対的に把握する力を身に付けることができる。そのような能力を持った人材が、社会の様々な分野で高く評価されてきたのである。[*2]

このように法学の役割が変わることなく大きなものだったことは、法学自体の不変を意味しない。法学は、継続性・一貫性を保ち、法的思考の要諦を維持しつつも、各時代の変転に対応して、絶えず変化・展開を遂げてきた。法学が持つ、継続性・一貫性を保ちつつ転回・発展していくことが出来る力は、絶えず変動する社会で活躍する人々を支え、前進させるものだったのである。

追手門学院大学法学部は、このような意義を有する法学をさらに発展させ、法学教育の有為な担い手となることをめざし、二〇二三年に出発した。本書においては、本法学部を担う法学教員・研究者が、法学の各分野の在り様と展開をわかりやすく叙述している。本書を通じて、法学への興味が喚起されれば幸いである。

＊1　ハンス・ケルゼン（森田寛二訳）「社会技術としての法」『ハンス・ケルゼン著作集Ⅳ　法学論』（慈学社、二〇〇九年）所収（［　］内は筆者による補い）一四六頁。

＊2　高田篤「これからの法学部のあり方の追究―追手門学院大学法学部の目指すもの」書斎の窓　No．689（二〇二三年九月号）六〇頁。

第1章

憲法から国会を考え直す――国会批判・再考

柴田 尭史

1．日本国憲法は国会をどのように規定し、位置づけているのか？

「憲法から国会を考え直す」というテーマを設定するとき、出発点となるのは、もちろん「日本国憲法が国会をどのように規定し、位置づけているのか」ということである。日本国憲法（以下では、「憲法」と略する）は、全体で十一章百三条からなる。このような構成の憲法において、国会は第五章で規定されている。[*1] この第五章において、国会が、国の政治システムにおいてどのような位置にあるのか、をまず確認してみよう。

＊1 日本国憲法は議院内閣制を採用していることから、「第6章 内閣」と「第7章 財政」においても、国会に関連する規定がある。

憲法は、四一条で「国会の地位」を規定している。それによれば、「国会は、国権の最高機関であって、国の唯一の立法機関である」とされている。そして、国会を構成する衆議院と参議院の組織を定めている憲法四三条では、両議院を構成する議員は、「全国民を代表する」と特徴づけられている。つまり、国会は、憲法において、「国権の最高機関」、「唯一の立法機関」、そして「国民代表機関」と位置づけられている。

それでは、これら三つの意味について、通説（憲法学で多くの研究者から支持されている考え方）に即して、簡単に見ていこう。

まず、「国権の最高機関」である。これは、「国民から直接選挙で選ばれていること」を意味する形容詞的な表現だと理解されている（この考え方は「政治的美称説」といわれる）。[*2] 読者の中には、「国権の最高機関」を文字通りに理解し、国会が国家権力の最高機関であり、裁判所や内閣よりも高い位置にある、あるいは優位すると理解すべきだと思った人もいるだろう。[*3] 内閣に対しては、このように理解しても問題はない。というのは、内閣は、国会に対して連帯責任を負い（六六条三項）、また、国会は内閣総理大臣を指名し（六七条）、とくに衆議院は内閣に対する不信任の決議権を持ち、内閣を辞めさせることができるからである（六九条）。それに対して、裁判所はどうだろうか。憲法は、裁判所とその構成員の裁判官の独立を定めている（七六条三項）。また、裁判官は、違憲（立法）審査権を持っていて、国会が制定した法律を憲法に基づいてチェックし、憲法違反という判断になったときには、その法律を無効とすることができる（八一条、憲法違反の国家行為の無効については九八条一項）。つまり、独立し、違憲審査権をもっている裁判所に対して、国会は、より高い地位にあり、優位しているとは必ずしもいえない。むしろ、裁判所は、違憲審査権を行使して、国会の制定した法律を無効にできることから、裁判所のほうが国会に対して優位しているともいえる。このように、「国権の最高機関」と文字通りに理解すると、とくに裁判所との関係で理解ができなくなる。そのため、政治的美称説が通説となっている。

次は、「唯一の立法機関」である。先に「立法」から考えてみよう。立法は法律を制定することである。ということは、国会だけが法律を制定することができる、ということを「唯一の立法機関」は意味している。もう少し詳しくみると、「唯一の立法機関」という規定には二つの意味があると理解されている。[*4] 一つ目の意味は「国会だけが法律を制定する権限を独占する」という立法権限に関する原則である（「国会中心立法の原則」といわれる）。二つ目の意味は、「法律の制定に他の機関による関与は必要としない」という立法手続に関する原則である（「国会単独立法の原則」といわれる）。

最後に、「国民代表機関」である。「全国民を代表する」（四三条）とは、「自身が選出された選挙区やその支援団体などから具体的な指示を受けたり、それらの利益を実現したり、それらによって解任されたりせず、一度選挙で選ばれたら、自己の信念のみにしたがって全国民の利益を実現すべく、議員として活動することができる」ということを意味する。つまり、国会議員は、選挙区や支持者の利益ではなく、全国民のことを考えて、その信念に基づいて自由に活動できる、ということである（このことは「自由委任の

＊2　芦部信喜／高橋和之（補訂）『憲法　第八版』（岩波書店、二〇二三年）三一九頁。

＊3　このような考え方も主張されたことがあり、「統括機関説」といわれる。

＊4　大日本帝国憲法は、法律が成立するために、天皇の裁可、つまり天皇が法律を認めることを必要としていた（六条）。また、帝国憲法は、緊急命令（八条）と独立命令（九条）と呼ばれる帝国議会の関与を必要としない命令の制定を天皇に認めていた。このような帝国憲法における立法権のあり方の反省として、「唯一の立法機関」の二つの意味がある。芦部・前掲註（2）、三二一頁。

原則」といわれる)。[*5] 国民代表機関とは、国会がこういった国会議員から構成される機関であることを意味している。この原則からすると、実際に国民が求めていることと議員が追求していることが相違していても問題がない。それに対して、今日では、自由委任の原則を基本としつつも、有権者の実際の利益を反映することも禁止されていないと理解されている。

2. 憲法から見た国会の役割

「国権の最高機関」、「唯一の立法機関」、「国民代表機関」という国会の憲法における位置づけから、憲法は、国会にはどのような役割や働き（機能）[*6]を期待しているのだろうか。

まず、「国権の最高機関」は、国会が選挙で国民から直接選ばれている、という政治的な意味で理解されている。**1.** で示したような、国会による内閣の指名と内閣の国会に対する連帯責任の関連を考えると、[*7]「国権の最高機関」からは、内閣・行政による活動をチェックする機能が期待されている。このチェック機能は、両議院のもつ国政調査権（六二条）や内閣の出席・説明義務（六三条）、最終手段として内閣不信任決議権（六九条）によって果たされる。

つぎに、「唯一の立法機関」からは、明らかに法律を制定する機能が期待されている。このような立法機能については、憲法五九条が立法手続を規定することで具体化されている。なお、行政が活動するためには、法律の根拠を要し、行政は法律に違反してはならない、ということが行政法の原理である（「法律による行政の原理」）。そうすると、国会による法律の制定は、行政による活動を法律で枠づけることを意味することから、行政に対する制御の意味を持つことになる。[*8]

最後に、「国民代表機関」からは、代表機能が期待されている。つまり、選挙によってさまざまな国民の意見が国会に代表される。国会は、審議の中で、こういった多様な意見（の対立）を考慮・調整し、法律の制定などを通じて、全国民のために活動しなければならない。このことによって、国民は、国会を通じて、自ら支配し、自らのために支配するということになる。

ただ、チェック機能、立法機能、代表機能は、ここでは一応区別して説明したが、お互い重なることも多い。

3．国会に対する批判を考える——議席数の削減という論点について

この五十年を見るだけでも、国会、ひいては政治に対する不満や批判は繰り返されてきた。典型的には政治スキャンダルに起因するものである。たとえば、ロッキード事件（一九七六年）、リクルート事件

＊5　芦部・前掲註（2）、三一七―三一九頁。柴田尭史「憲法へようこそ Part III【Unit 3】自分たちのことは自分たちで決めよう！——民主制と憲法」法学セミナー（二〇二四年）五二頁以下。

＊6　議会の機能については、ドイツにおける議論を参照した。たとえば、Philipp Austermann/Christian Waldhoff, Parlamentsrecht, 2020, Rn. 483.

＊7　柴田尭史「憲法へようこそ Part II【Unit 3】リーダーは君だ！——国会・内閣・議院内閣制」法学セミナー（二〇二三年）六八頁以下。

＊8　高田敏（編著）『新版　行政法——法治主義具体化法としての——』（有斐閣、二〇〇九年）第一章第二節、とくに三〇頁以下。

表1　G7各国における上院と下院の議員数。列国議会同盟（IPU）の統計（https://data.ipu.org/compare/［閲覧日2024年9月30日］）に基づき、筆者作成。

国	（人口）	上院	下院	合計（議員一人当たりの住民数）
アメリカ	(343,477,000)	100	435	535　(642,013)
イギリス	(68,682,000)	(上限)[*10] 800	650	1450　(47,367)
イタリア	(59,499,000)	205	400	605　(98,183)
カナダ	(39,299,000)	105	338	443　(88,711)
ドイツ[*11]	(84,548,000)	(69)	736	736　(126,759)
日本	(124,371,000)	248	465	713　(174,433)
フランス	(68,682,000)	348	577	925　(71,826)

（一九八八年）、佐川急便事件（一九九二年）、政治資金パーティー収入のキックバック問題（いわゆる「裏金」問題）などが挙げられる。それに対して、国会や政治それ自体に対する不満や批判もある。一方は、国会の審議中に居眠りをするなどの国会議員の職務態度に起因するものである。他方は、国会の活動が、国民の望むもの、あるいは国民の考えているものと相違することから、国会が無駄である、と国民に思われてしまっていることに起因するものである。このような不満や批判の分かりやすい例が、「参議院不要論」であろう。二〇〇〇年代に、衆議院の多数派と参議院の多数派が異なる「ねじれ国会」を二度経験する以前は、衆議院と同じことを繰り返しているにすぎない参議院を廃止し、日本も一院制にすべきだ、という批判があった。

　国会、ひいては政治に対する不満や批判は、今日では、衆議院と参議院の議員数の削減というテーマにつながっている。[*9] 今日よく聞かれる国会に対する批判は、「日本は国会議員の人数が多すぎる」というものである。本当に多すぎるのだろうか？

まずは、表1を見てほしい。主要七か国（G7）における上院、下院の法定議席数（ドイツの下院を除く）である。上院と下院の議席の総数で観ても、日本はちょうど真ん中の四番目に位置する。さらに議員一人当たりの住民数から見ると、アメリカに次いで少ないことになる。そうすると、国際比較では、日本は必ずしも国会議員が多いわけではない。

では、なぜ国会の議員数、とくにその削減が問題になるのだろうか。それは、国会議員が受け取っている報酬である歳費と各手当の合計が四〇〇〇万円を超えているにもかかわらず、[*12] 国会議事堂で居眠りをしていたり、国会審議でパフォーマンスが多かったり、また、選挙や政治活動における金銭に関する不正が後を絶たないからである。国民の税金から支出される高額の歳費と手当に対して国会議員の働きを観た時に、それに見合わないと判断されると、歳費などが国民の負担感につながり、それが国会への不満や批判として表れる。国民に最も見えやすい国会の「身を切る改革」は、高額の歳費を受け取っている議員の数

＊9　「現在713人の国会議員の定数は削減すべき?」（読売新聞二〇二四年三月一五日）

＊10　現在は、七八五議席である。

＊11　ドイツについては、連邦参議会（Bundesrat）は各州の政府から派遣されるため、国内的には上院ではないとされ、二院制ではない（初宿正典『日独比較憲法学研究の論点』［成文堂、二〇一五年］第一二章。ただし、EU法の文脈で、上院とされる）。また、表の中で下院に分類した連邦議会については、議席の法定数は五九八議席であるが、三四名の超過議席を含め一三八議席が法定外の議席数である。二〇二三年の選挙法改正で、超過議席などの選挙の結果生じる法定外の議席が廃止され、法定議席数を六三〇に引き上げた上で、固定化された。改正法に基づく選挙は二〇二五年から実施される。

＊12　議員の歳費や各種手当については、憲法四九条とそれを具体化する「国会議員の歳費、旅費及び手当等に関する法律」。

を減らすことである。[*13] そして、とくに参議院について、最高裁判所も「総定数を増やす方法を採ることにも制約がある」と述べて、議席数の削減を議論の前提としている。[*14]

しかし、国会の役割から見ると、議席数の削減という分かりやすい「身を切る改革」に問題はないのだろうか。この問題を考えるにあたっては、とくに国会の「代表機能」に注目する必要がある。議員定数が削減されることは、国会に代表される国民の意見も縮減されることを意味する。このことによって、国会の審議の中で検討されるべき国民の意見が、国会に入らなくなり、それらを考慮できないことになる。こういった状況は、ひいては、立法機能や内閣・行政のチェック機能にも影響する。東京一極集中が叫ばれている中で、地方から人口が流入する東京などの都市圏は、一票の格差を是正するために選挙区に割り充てられる議員定数が増え、議席数が増えるが、人口が東京に流出する地方は、選挙区に割り充てられる議席数が減り、議席数が削減される。このことによって、地方の国民の意見が国会に代表される機会が減少してしまう。[*15] わかりやすい「身を切る改革」の（負の）効果を考え直す必要がある。たとえば、国会の機能に影響を与える議席数の削減ではなく、議員の歳費や各種手当の削減、国会の総予算の上限を設けるなど、国民に分かりやすい他の改革の途もありうる。これらの途は、「総定数を増やす方法を採ることにも制約がある」という議論の前提の見直しにつながる。

＊13 周知のとおり、平成二四年一一月一四日の野田佳彦首相（当時）と安部晋三総裁（当時）の党首討論では、消費税増税と議員定数の削減がセットであった。

＊14 最大判平成二四年一〇月一七日集民二四一号九一頁。この判決で参議院議員選挙の選挙区改革が求められ、「合区」が採用された。

＊15 新井誠「地域の利害（あるいは感情）と憲法学――参議院議員選挙の『合区』問題に寄せて」法学セミナー七三八号（二〇一六年）一八頁以下、植松健一「山陰の『周辺』で『一票の不平等』容認を叫ぶ?」新井誠ほか『地域に学ぶ憲法演習』（日本評論社、二〇一一年）六二頁以下。

第2章 民法の樹

山本 顯治

はじめに

法学部入学後、法律専門科目として最初に出会う科目の一つが「民法」である。民法はすべての実定法科目の基礎にあり、法学的な考え方の基盤を形作っている科目である。取引の基本ルールを定める法律であるとともに、市民の日常生活にかかわる身近な問題を広く扱う法律である。取引や日常生活のあらゆる局面にかかわる法律であるために、民法の扱う事項は広範囲にわたっている。質と量に圧倒されると、何のために今どこを勉強しているのかが分からなくなり途方に暮れてしまうことになりかねない。民法を理解するためには、民法の全体像を鳥瞰しつつ個々の条文を学ぶこと、個々の条文を学んで全体像の理解を深めるという視線の往復を繰り返すことが肝要である。同時に、民法の根底をなす基本原則を理解し、それがどのように具体化されているのかを体感することが大切である。本稿は、民法を大樹に見立て、基盤をなす基本原則に民法の樹がどのように根を張り、そこからどのように幹を伸ばし枝葉へと広がっているかという民法財産法の鳥瞰図を描くことを目的とする。

1．民法の三原則

民法とは「自由かつ平等な市民相互の関係を規律する市民生活の基本法」である。民法の根底にあるのは、「我々は自由かつ平等な社会に生きている」という社会哲学である。そして、この社会に生きる市民相互の関係を規律する民法も、自由と平等を基本原理としている。もっとも、自由や平等という基本原理はそのままではなお抽象的である。そこで、民法は法的に操作可能となるように基本原理を具体化・制度化している。それは民法の三原則と呼ばれる。三原則が「自由」と「平等」をどのように法的に表現しているか、以下みていこう。

（1）権利能力平等の原則

民法の第一原則は「権利能力平等の原則」であり、「人は生まれながらにして等しく権利義務の帰属主体となる権能を有する」ことをいう。この原則は人の平等を法的に表現しており、全ての人は、出自・職業・性差・年齢等によって差別されることなく、等しく権利を持ち義務を負う法的資格を持つという意味である。近代以前、人は身分制の下に生きており、生まれながらに身分に応じて義務を負わされ、また一部の人のみ特権的権利を持つことがあった。しかし、現代の自由かつ平等な社会において、人は不平等に義務（債務）を負わされることはなく、だれもが平等に権利を取得できる。権利能力平等の原則は、封建的身分制からの人の解放を宣言するとともに、市民社会における人の平等という根元的価値が法の世界に投影されたものといえる。根拠条文は民法二条、三条一項、憲法一四条である。

（2）私的自治の原則

民法の第二原則は「私的自治の原則」であり、「人は自らの法律関係を自らの意思において形成することができる」ことをいう。「自己決定原則」とも呼ばれる。これは人の自由を法的に表現した原則であり、封建的身分制から解放された人は根元的価値としての自由を享受するという思想の法的な表現である。近代においては、人が自由であるといえるための不可欠の条件として「自由意思」を必須とみる思想が確立し、これを法的に表現したものといわれる。また私的自治原則には、全ての人が等しく自由な意思を持つ存在として尊重されるという平等の思想も内包されている。根拠条文は、民法二条、民法一条の二、憲法一三条である。

私的自治の原則は「積極的自由」と「消極的自由」という自由の二側面に対応して二つの面を有する。第一は、「人は自らの意思に基づき自由に自分の法律関係を形成し、自分の人生を選び取ってゆく法的権能を持つ」という積極面である。これは同時に、「自らの意思で決定したならば、その結果について人は責任を負わねばならない」こと、すなわち「自己決定と自己責任」を含意する。これを「帰責原理」としての私的自治原則という。第二は、「自らの意思で決定していなければ人は義務を負わされることはない」という消極面である。自由意思を尊重するならば、人は自らの意思で決定していないことには拘束されないことが保障されねばならない。これを「免責原理」としての私的自治原則という。

（3）所有権絶対の原則

民法の第三原則は「所有権絶対の原則」であり、「人は自らの所有物を絶対的排他的に『使用、収益、処分』する権利を持つ」ことをいう。[*1] 人が自由かつ平等な存在であり、人生を自らの意思で自由に決定できるといえるためには、他者との関係において自由に自分の法律関係を形成できるのみならず、自分の物を所有でき、その物を他人からの干渉を排して自由に使用、収益、処分できる権利を持つ必要がある。これは、市民社会における自由を人と物との関係において具体化した原則である。[*2] 根拠条文は民法二〇六条、憲法二九条一項である。

2. 原則の制度化

（1）原則を土壌とする大樹

民法は三原則を土壌として成り立っている大樹である。民法は無原則、雑多なルールの集合体ではなく、三原則に根を張り幹を伸ばして枝葉へと分節化した法制度である。[*3] 三原則は幹と枝葉においてさらに具体化されている。権利能力平等の原則は、主に「第一編　総則　第二章　人」において具体化されており、所有権絶対の原則は、主に「第二編　物権」において具体化されている。ここでは第二原則である私的自治原則の具体化、制度化について概観する。

（2）私的自治原則の制度化としての契約法

私的自治の原則によれば、人が他人に対し義務（債務）を負担するためには、自分の意思により決めた（自己決定をなした）といえることが必要であり、自己決定なければ人は他人に対し義務（債務）を負うことはない。この私的自治原則を制度化したものが「契約」（民法五二一条以下）である。

人が自己決定をなし、相手方もこれに対応する自己決定をなすと契約が成立し、成立した契約に基づきそれぞれの当事者を拘束する債務が発生する。これをさらにみると、そこには第一段階としての自己決定、第二段階としての契約の成立、第三段階としての債務の発生という三つの階層（親亀、子亀、孫亀の三層構造）があることがわかる。民法は第一段階の自己決定を「意思表示」と呼び、「第一編　総則　第

＊1　「使用、収益、処分」の順序は、重要な意味を持つ。物的権利の経済的発展の歴史がここに集約的に表現されているからである。この点を基軸として物権法を一貫した視点で展開した著作が、我妻栄による『新訂　物権法（民法講義Ⅱ）』（岩波書店、一九八三）、『新訂　担保物権法（民法講義Ⅲ）』（岩波書店、一九六八）である（批判も含め、「物権法」を学ぶ際に意味を持つ）。さらに、市民社会における「自由な人格」を法原理において具体化したものが所有権絶対の原則であることを明らかにした記念碑的著作が、川島武宜『所有権法の理論』（岩波書店、一九四九）である。

＊2　所有権絶対の原則は、人は他者に干渉されることなく自分の財産に対する法的権利を行使できるとする「個人主義的財産権論」の核となる原則であり、物権法から派生し債権法や家族法においても重要な役割を果たす。

＊3　民法を学ぶ上では、三原則を踏まえ、なにが幹であり、それがどのように枝葉として広がっているのかを意識することが大切である。そして、枝葉に属する問題に出会ったとき、それがどのように幹・根に繋がっているのかを考えることが重要である。これを考え続けると、各論的問題に初めて出会ったときでも、原理原則（幹や根）に立ち返り筋道立てて考えることができるようになる。これが「応用力」の基盤となる。

五章　法律行為　第二節　意思表示」において詳しいルールを設けている。親亀である意思表示は子亀である契約、孫亀である債務の土台となりこれらの内容を規定するため、意思表示を理解することは極めて重要である。[*4]

一方の当事者が意思表示をなし、相手方がこれに対応する意思表示をなすと（これを意思表示の「合致」という）、子亀としての契約が成立する。民法は「第三編　債権　第二章　契約」において十三の典型契約を掲げそれぞれについてルールを設けている。[*5] 契約法の冒頭に置かれた五二一条一項は、「何人も、法令に特別の定めがある場合を除き、契約をするかどうかを自由に決定することができる」と規定する。意思表示をなし契約を締結するかどうかは自由であり、契約を締結しない以上債務を負わされることはないが（免責原理としての私的自治原則の制度化）、いったん契約を締結すればそれに基づき発生する債務を負う（帰責原理としての私的自治原則の制度化）ことが同条に含意されている。同条は私的自治原則の契約法における具体化であり、これを「契約自由の原則」という。[*6]

さらに、契約が成立すると契約当事者の間に多数の債権債務が発生する。契約から発生した債務は「約定債務」と呼ばれる。[*7] 民法は「第三編　債権　第一章　総則」（これは「債権総論」と呼ばれる）において、発生した債権債務の一つに焦点を当て、その一生を規律するルールを設けている。債務が履行されない場合の債務者の責任と債権者の権利を規律する「債務不履行」、債権回収・資金調達手段としての「債権譲渡」、また金銭債権の回収を確保するために債務者の財産管理権への介入を認める「債権者代位権」や「詐害行為取消権」、さらには債務の本来的消滅事由である「弁済」に関するルール等が規定されている。

＊4　意思表示と並ぶ民法総則における重要項目が「第一編　総則　第五章　法律行為　第三節　代理」である。自己決定、すなわち意思表示の結果は本人を拘束するため、本来ならば意思表示は当該本人しか行使できないはずである。これに対し、意思表示をなす権限を他人が行使することを本人の意思に基づき認める制度が代理である。代理とは他人が本人に代わって本人のために本人のみが行えるはずの意思表示をなすことを本人の自己決定の下に認める制度であり、ここでも自己決定と自己責任という私的自治原則が根底にあることを理解することが必要である。

＊5　典型契約に定められる任意規定は契約正義を具体化したものと理解する見解がこれまで有力に唱えられてきた。これに対し、任意規定は取引において標準的なルールを法定することで、契約策定のコスト（これを「取引費用」という）を削減することを主たる目的とするとの理解も最近現れている。前者の見解は任意規定からの乖離には合理的理由が必要とし、任意規定への拘束を重視する。後者の見解は、任意規定からの乖離は一方当事者の私的情報を開示させる契機になるとし（これを「情報開示機能」という）、任意規定からの乖離を肯定的に捉える。

＊6　契約自由の原則は、①契約締結の自由、②相手方選択の自由、③内容形成の自由、④方式の自由から成り立つ。もっとも現代の大量消費社会においては、それぞれにつき例外が存しており、その理由を理解することは現代の契約法を理解する上で重要である。

＊7　人が自己決定しない以上何の拘束も受けないとするならば、社会生活上の不都合が生ずる。交通事故を例にとると、加害者であるドライバーは被害者である歩行者に対し、損害賠償を支払う旨自己決定（意思表示）しているわけではない。しかし、意思表示が欠けていることを理由に被害者に対し加害者が義務（債務）を負わないとすると大きな不都合が生ずる。そこで、意思表示（自己決定）が存しない場合であっても、必要最低限の共通の義務を人は負うとすることが必要となる。これは狭義の自己決定に基づく義務ではなく、安心円滑な社会生活を実現するために法が特別に定めた義務である。法（交通事故ケースでは民法七〇九条）に基づいて成立するから、この債務は「法定債務」と呼ばれる。このとき、自己決定ではなく法に基づき発生するからといって、自由の法的表現である私的自治原則と無関係に法定債務が成立するわけではない。例えば、民法七〇九条における過失責任原則は、「過失なければ加害者は賠償責任を負わない」ものとする。過失の有無を基準として人の行為自由の境界を定めるものであるといえるため、過失責任原則は、「私的自治を裏から支える原則」とも言われる。

おわりに

本学法学部においては、親亀である意思表示を「民法Ⅰ　総則」において学び、子亀である契約（および補充的債務発生原因である事務管理、不当利得、不法行為）を「民法Ⅱ　債権法各論」で、孫亀である債権債務を「民法Ⅲ　債権法総論」において学ぶ。民法Ⅰ、Ⅱ、Ⅲの各科目は私的自治原則を土台として、親亀、子亀、孫亀の階層関係に立つ。法典としての民法は、「第一編　総則」において親亀となる意思表示（法律行為）を扱い、子亀となる契約、事務管理、不当利得、不法行為という四つの債権債務の発生原因を「第三編　債権」の第二章から第五章において扱っている。そしてこの四つの債権債務発生原因を受けて孫亀として発生する債権債務に焦点を当て、いわゆる債権総論（第三編　債権　第一章　総則）が共通ルールを設けている。[*8] 学習に当たっては、各科目を個別に学ぶだけではなく、それぞれの科目が階層構造をなし、民法の編別と対応していることを意識し、各科目を横断的に把握しようと試みることが肝心である。そして、各論的問題に出会ったときにも、民法の大樹の土台をなす基本原則がそこにどのように現れているのかを常に考えることが一歩掘り下げた民法の理解につながることを忘れないでほしい。

＊8 債権総論は約定債務と法定債務のいずれにも適用される共通ルールを定める作りとなっているが、債権総論のルールが適用されるのは事実上約定債務が大半を占める。

第3章

刑法学の入口で考える

小田 直樹

はしがき

我々は、学部の新設に当たり、「日本の法学部の機能と意義」の再評価を唱えている。「目指すもの」は、法学の素養を涵養する教育であり、「法実務に定位した英米における教育」とも、「国家試験に接続している……ドイツの法学部で講じられる」教育（実務を支えるドグマーティク）とも異なる。法の学びは、実定法上の具体的問題への取組が「法体系全体を考えることにつながり、個別的・具体的かつ総括的・体系的に分析する能力」の育成になり、歴史的・比較法的考察が「変動・展開していく社会の事象を客観的・相対的に把握する力を養う」ことに通じるという。[*1] そのような教育をできるだろうか。ここでは、法曹志

＊1　高田篤「これからの法学部のあり方の追究―追手門学院大学法学部の目指すもの」書斎の窓六八九号（二〇二三）五八頁以下、五九―六〇頁。学部Ｗｅｂサイトの「追大法学部〉学部の目標」を参照。

望のない法学部生に、刑法学で何を教えるかを考えてみたい。

1. 刑法の意義と刑法典の読み方

刑法を学ぶのならば、その名前をもつ法律（明40法45）があるのだから、まずは、それを読ませたい。**形式的意義における刑法**（**刑法典**）は、明治四〇年にできた法律で、「**第一編　総則**」と「**第二編　罪**」があり、後者（各則）に、殺人罪（刑199）や傷害罪（刑204）のような、伝統的な犯罪（**自然犯**）の定めがある。大日本帝国憲法（明治二二年）の下、帝国議会が定めた民法（明29法89）と並ぶ法典であり（憲・民・刑を基本三法という）、フランスに学んだ旧刑法（明治一三年）からドイツの議論を参照して改めたものであった。当時は、富国強兵政策に馴染む、国家法による秩序の形成が課題であり、真意（ホンネ）は別でも、ご公儀（タテマエ）に従う人々の意識が社会の「和」を支えていた。基本三法でさえ、我々の手によるものと実感できているかは疑わしい。死刑囚の首を絞めるのは私の手である……という意識をもてるか。まずは、法を自らの問題と考える「市民」となる機会を提供したい。

刑法は刑罰を定めた法である。それ自体は無数にある。自動車運転死傷行為等処罰法（平25法86：以下では、処罰法という）のような**特別刑法**もあれば、道路交通法の「第八章　罰則」のように、行政が設けた規則の違反を犯罪（道交法違反の罪）とする**行政刑法**（規制が当罰性の根拠ならば**法定犯**という）もある。それらを含めて**実質的意義における刑法**という。刑法典の「総則」は、犯罪一般に共通する事項を先に定めており、**八条**で「他の法令の罪についても、適用する」原則の規定なので、実質的意義の「刑法」全体にとっての基盤となる。その概要くらいは理解させたい。
第七章が「**犯罪の不成立**」を定めるように、刑罰が対処する問題は犯罪であり、刑法は**犯罪⬇《ならば》刑罰**という要件―効果の関係を創り出す。「犯罪」の輪郭も総則から読みとれる。例えば、一九九条は「人を殺した者」を殺人罪とする（犯罪を基礎づけるので「**構成要件**」と呼ぶ）が、四三条が「実行に着手してこれを遂げなかった」場合を未遂罪として区別するから、殺人罪は**「実行」に値する**（殺害）**行為**によって（死亡）**結果**を発生させた場合に限られる（⇕失敗した場合、補充的に二〇三条の未遂罪を検討する）。また、「罪を犯す意思」が欠ければ「犯罪」ではない（刑38Ⅰ＝三八条一項を意味する）から、殺人罪には相応の**故意**（殺意）も必要である（⇕故意がない場合は、補充的に傷害致死罪〔刑205〕や過失致死罪〔刑210〕を検討する）。加えて、正当防衛（刑36Ⅰ）や心神喪失＝責任無能力（刑39Ⅰ）で「犯罪」ではなくなることの裏側で、各則を充たす「実行」行為でも違法・有責と評価しうることが必要だから、**犯罪は〈構成要件に該当する違法・有責の行為〉と定義される。**教科書に出てくる「定義」も（神のお告げではなく）刑法典の「読み方」に由来し、それを使う実務の中で定着するに至った言葉である。「実務」は「定義」問題で悩まない方がよいが、そこに拘る「学問」の取組も感じさせたい。

例えば、車で人を死傷させたら、事件の（個別的・具体的な）分析で、殺傷罪（交通事故を「業過」と呼ばせた業務上過失致死傷罪〔刑211〕も含む）と処罰法や道交法を比較することになる。意図的な轢殺は殺人罪（失敗は殺人未遂罪）だが、通常は「危険運転」の成否（処罰法三条）を問い（その評価は道交法違反との対比になる）、結局は過失運転致死傷罪（処罰法五条）になる。刑法典で**基本（原則）を見出す作業**に加え、**周辺規定との関係を整理する作業**も必要である（総括的・体系的な把握）。

複雑で多様な現実に応じた扱いを確保するために、法は様々な条文が絡み合う形で整備されている。条文の暗記が法学だと思うのは、無知で素朴な子どもである。知識の利用に及ぶ法学は、市民の良識に関わる大人の学問である。基本的な条文の知識は必要だが、様々な法令の中で読む「素養」が求められる。かつ、それを具体的な事例に使うには、条文に応じて事例を分析・整理し、判断が分かれうる問題（争点）を特定する力がいる。法学（判例の読解）を通して現状（条文）の裏側（なぜそうなのか）を読み、課題（事件）の解決（問題の分析・理解〜対応の探求）に活かす感覚を学ばせたい。

2. 法秩序の中の刑法

刑罰は国家による犯人の利益剥奪であり、**立憲主義**の下、刑法も憲法に応じて理解すべきである。**憲法三一条以下**は、刑罰に伴う人権の問題を扱い、事前の権力抑制を求めている。すなわち、「法律の定める手続によらなければ……刑罰を科せられない」という三一条は、**刑事訴訟法**（昭23法131）の対応[*2]を求めるが、その手続は被告人に「迅速な公開裁判を受ける権利」を保障しなければならない（**憲37Ⅰ**）。刑罰の法は、**裁判で適用される法**（**裁判法**）として求められるから、犯罪⬇刑罰の関係は、議会が「法律」で定めておかなければならない（**罪刑法定主義**）。また、**憲法三九条**によれば、「実行の時に適法であつた……行為については、刑事上の責任は問はれない」。上述の「犯罪」理解に対応して、「実行行為」の違法性に基づく「責任」評価が予定される。犯罪は行為時の法で裁かれるべきであり（**行為時法主義**）、規範に応じた行為の制御可能性が「責任」の核となる。刑法は、〈法律なく処罰されない自由〉に加え、〈法律なく制約されない行為自由〉も保障する。そのため、罪刑法定の要請は、**議会に立法の明確性を求める**と共に、裁判所に**類推解釈を禁止する**と理解される。

その上で、「犯罪」の定め方（**内容の適正さ**）を指導する原理が問われる。権利行使や行為自由の限界を画する「公共の福祉」（憲12―13）だけでは、内実が曖昧すぎる。民法上で「法律行為」の限界となる「公の秩序」や「善良の風俗」という制約（民90）の一部を刑法が担うはずだが、犯罪を「公序良俗」の逸脱とみるのは結論の先取りでしかない。そこで、刑法の任務を具体的な利益の保護に求め（**法益保護主義**）、犯罪の本質を法益侵害として捉える（**法益侵害説**）と共に、当罰性を法益の被害（**結果の無価値性**）で測り、被害に見合う処罰（**罪刑均衡**）を指針とすることが主張される。

犯罪（人の殺傷）は、不法行為（民709）であり、犯人には民事責任（損害賠償）と刑事責任（処罰）が並存する。対等な私人間の争いを扱う民事裁判と「公共」問題を扱う刑事裁判は、私法／公法の区別を示していた。ところが、片方の「人」が「法人」ならば、民事も「対等な私人」の関係とは言えず、[*3] また、「国家」がインフラ整備や社会福祉の事業主体ならば、公法上の紛争（行政事件）も民事の応用問題となる。私法／公法の区別よりは、現実の紛争を扱う裁判例の検討で、事件の個別性に配慮した対応を探ること（**判例法理**の探求）が重視されるに至る。法益侵害説の主張もその延長線上にあった。

＊2　刑法／刑訴法は実体法／手続法の関係にあり、後者はアメリカの影響下で改正された。古い刑法を新法下の刑事裁判で使う場合、時代や思想（大陸法／英米法）の相違が交錯しうる。

＊3　転売利得を求める「商い」の活動者（商人）の独自性が意識され、商人同志の「対等」な関係性を円滑に扱う**商法**が整備された。「**六法**」は、**基本三法**と**商法**に加え、**民事訴訟法・刑事訴訟法**を想定している。

しかし、「法益保護」は法一般の話であり、民法が「被害」に対処する以上、重ねて加える刑法の制裁には独自の理由が必要であろう。刑法を「公序」から切り離す見方は憲法や民法の想定を裏切るものである。刑法の役割を示すには、**規範的な（自己）制御の要求**を責任の制約だけでなく、違法論で意味づけるべきであろう。すなわち、現実が「対等」でなくても、まずは、情報状態や対応能力の格差を知らない当事者が（無知のベールの下で）交渉する場面での正義（公正な「秩序」）を構想すべきである。法秩序は、事後の紛争処理だけでなく、紛争回避のルールを設けて「交渉」の適正・円滑を支える。「格差」が伴う場面ならば、民法や行政法（**一次規範**）が対応する特別法を設け、刑法はその制度化を社会の「秩序」として支えるべきである。その社会に必要な「行為規範」の逸脱こそが対象であり、「責任」に先立つ「違法」を社会規範違反性（**行為の無価値性**）で捉えることは刑法学に必須の視座である。刑法は、法による秩序化を支える法（**二次規範**）なのだと考えたい。

「人を殺した者」を処罰する刑法は、「殺すなかれ」という行為規範の意識的な違反を「違法」と評価する。人の死を認識しつつ人命を危殆化する行為のみである。人身事故の民事裁判で、遺族は運転者を「人殺し」と呼ぶかもしれないが、刑事裁判では（仮に危険運転でも）決して殺人罪ではない。人命保護は同じでも、「人」の尊重ルールで考えて、意識的な「殺害」と過ちによる「致死」は区別するのが刑法の立場である。[*4] 我々の共生はそこから始まるからである。一次規範が創り出す（制度化された）共生の「秩序」が現に機能するように、「個別的・具体的」な交渉の場面を規律する「行為規範」の作用を刑法が支える。「秩序維持」の機能を否定する（法益保護に解体する）必要はない。問われるのは、民法や行政法が描いた「秩序」を読み取る作業であろう。だからこそ、刑法学も「総括的・体系的」な思考になる。刑法独自の政策的考慮はその先にあるだろう。法益侵害は行為規範違反があってこそ**当罰性**を認められ、罪刑法定主義の下、刑法が定めた犯罪と証明されてこそ犯行の**可罰性**も認められる。そして、規範遵守の能力問題を中心に、処罰に相応しい人格か、素質と環境に応じた犯人の**要罰性**が確認される。[*5] 処罰は「被害」だけでは正当化できないのである。法秩序の中で、様々な法がそれぞれの役割を担う姿をイメージできるよう、法の理解を深めさせたい。

3. 思考の相対化――法史学・比較法学

国家刑罰権を基礎づける点で同等だからこそ、刑法典の外にも「刑法」がある。「形式」は外形・名称に基づくが、「実質」は内容の理解に基づく。論拠として歴史・機能・政策などが指摘される。法は規範であり、事実そのものではない。（正義という）理想を条文化し、その実現を望む（違反を否認する）取組が「秩序」を作ると考える（大陸法：**成文法主義**）か、紛争処理の繰り返しで慣習法の「秩序」が自生すると考える（英米法：**判例法主義**）か。制定時にドイツに学んだ我が国では、国家法が「秩序」を作ると考えたから、刑法学は**哲学**に基盤をもつドグマーティクを重視する傾向が強かった。とはい

＊4　もちろん、正当防衛や死刑執行による「違法」でない殺人が例外として想定される。前者は、緊急事態の動機付け圧力が「規範違反性」の制約となるのだが、後者が人命尊重ルールに合致するかには争いがある。

＊5　責任無能力は精神医学の治療を要する人格に、刑事未成年（刑41）は可塑性に基づき保護すべき人格に「無罪」判断を与える。応報感情でこれらを刑法の欠陥と批評する学生には、無知を戒めて応答し続けるしかない。

え、(世間という) 空気に合わせる庶民の意識は慣習法的な秩序を示すものであった。

諸外国との対比で、我が国の構造を分析する**社会学**を法理解の土台とする見方は、民事法では有力であった (日本固有法の発見でもある)。刑訴法がアメリカ (判例法を使う実務に定位した教育) の影響下にある中で、刑法学も旧来のままではない。法益保護主義は、一面で、国家主導の「秩序維持」に反発したが、他面では、犯罪社会学を論拠としつつ、政治を直視した**政策学**を展開した。ドイツ的なものからアメリカ的なものへの流れがあり、刑罰も社会統制手段の一つに過ぎないとされる。正義という夢を抱いても、現実を変えるには、目的に応じた手段選択の積み重ねが必要だとされる。

罪刑法定主義は原点で事前の成文化を求めるが、諸外国の影響・時代の推移・社会の変化を受けた紛争処理 (刑事裁判) の積み重ねが慣行 (先例) という規範 (の具体化) をもたらすことも確かである。大陸法/英米法も、「法」を見出す視座のズレに過ぎず、一つの現実 (法現象) の多面性として理解できる。法秩序を描きつつ条文を読むこと・社会変化を感じつつ判例を読むこと、どちらも法の在処を探る取組であり、法学の方法は多様である。学生には、そのような学びから、個人の感情 (主観) を超えて「客観的」に把握し、それでいて、特定のドグマに縛られない「相対的」な視座を獲得し、社会生活の様々な舞台に向けて、「大人」の「市民」として歩き始める「成長」した姿の表現を期待したい。

第4章

会社法におけるデジタル化の進展
――バーチャル株主総会

前田　雅弘

はじめに――会社法の役割と法源

(1) 会社法の役割

現代社会における経済活動は、その大部分が、会社、とりわけ大規模な株式会社によって支えられている。株式会社においては、経営陣と株主との間、株主相互の間、および株主と会社債権者との間に、利害対立が存在する。株式会社を巡るこれらの利害の調整が適正に行われなければ、関係者の利益が害され、株式会社の事業ひいては国民経済の発展が阻害されることとなる。そこで、株式会社を巡る関係者の利益を調整することが、法の果たすべき重要な課題となってくる。株式会社を中心として、会社を巡る関係者の利益を調整し、会社が適正に運営される仕組みを用意することが、会社法の主たる役割である。

（2）会社法の法源

会社関係者の利益を調整する法としての会社法（実質的意義の会社法）は、どのような形で存在するか。会社法の法源（法の存在形式）の中核をなすのは、平成一七年に制定された「会社法」という法律である（形式的意義の会社法）。

平成一七年の会社法制定前、実質的意義の会社法は、いくつかの法律に分散して存在していた。すなわち、当時の主な法源として、商法第二編、商法特例法、有限会社法があった。平成一七年制定の会社法は、これらの法律を一本にまとめるとともに（商法特例法、有限会社法という法律は廃止され、商法からは、第二編「会社」の部分が削除された）、表記をカタカナ文語体から、ひらがな口語体に改めるとともに、実質的にも重要な変更を行った。会社法は、平成一七年に、形式面でも実質面でも、抜本改正と呼ぶにふさわしい大改正が行われたのである。

その後、平成二六年には、企業統治のあり方、および親子会社に関する規律を二つの柱とする改正が行われ、また令和元年には、企業統治等に関する規律を見直すための改正が行われ、現在に至っている。

1．会社法におけるデジタル化

今日、社会のさまざまな分野においてデジタル化が進みつつあるが、会社法の分野もその例外ではない。会社法の分野におけるデジタル化の進展は、当初は、平成一三年改正により会社関係書類を電磁的記録で作成できるようにし（会社法二九九条三項等）、また株主総会における電子投票制度を創設したこと（同法二九八条一項四号）などに典型的に見られるように、従前の紙媒体を電子的な方法に代替するという形で実現された。このような流れの中で、令和元年には、会社は、株主総会の招集通知に際して株主に提供すべき情報を、従前の書類に代え、インターネットを利用して株主に提供することのできる制度（株主総会資料の電子提供制度）が導入された（同法三二五条の二）。

そして近時は、紙媒体の単なる代替物とは異なる形でのデジタル化として、株主総会の審議と採決そのものをデジタル化しようという議論が進みつつあり（バーチャル株主総会）、学界および実務界において注目されるトピックの一つとなっている。本稿では以下において、バーチャル株主総会を巡る法的問題について考察してみたい。

2．バーチャル株主総会

（1）バーチャル株主総会の意義と形態

株主総会は、株式会社の構成員である株主が直接に参加し、決議により会社の基本的な意思決定を行う機関である。株主が自ら、または代理人を通じて（会社法三一〇条一項）、株主総会に出席することができるのはもちろんのことであるが、インターネットを通じて株主総会に関与することがどこまで認められるかが問題となる。

インターネットを通じて株主が関与する株主総会は、一般に「バーチャル株主総会」と呼ばれる。バーチャル株主総会については、デジタル化の進展とともに早くから議論が行われていたが、[*1] 近年、各企業が新型コロナウイルス感染症への対応を求められたのを契機として、学界および実務界において急速に関心が高まった。

現行の会社法の下では、インターネットを利用して株主が株主総会に関与する方法には、二つの方式がある。

一つは、株主総会をウェブサイトで中継し、会場に存在しない株主に中継動画を視聴させるという形態である（「参加型」と呼ばれる）。これによって株主総会に参加する株主は、株主総会に「出席」するわけではなく、会場での議決権行使ができないことはもとより、質問や動議提出を行うこともできない。もう一つは、会場に存在しない株主がインターネットを利用して株主総会に出席し、会場に存在する株主とともに審議に参加し、決議にも加わる形態である（「出席型」と呼ばれる）。

以上の二つの方式はいずれも、物理的な会場で株主総会（「リアル株主総会」と呼ばれる）が開催されることを前提にしている。これに対し、物理的な場所を設けることなく、もっぱらバーチャル空間でのみ行う株主総会（「バーチャルオンリー株主総会」と呼ばれる）は、現行の会社法の下では認められないと解するのが通説である。[*2] 会社法は、株主総会の招集にあたっては、株主総会の「場所」を決定せよと定めており（会社法二九八条一項一号）、リアルな場所のない株主総会は想定していないと考えられるからである。

（2）バーチャル株主総会の利点と法的問題点

バーチャル株主総会には、前記の参加型・出席型いずれについても、インターネットを利用して、株主総会に容易に参加または出席する機会を株主に提供することができること、コロナ禍のもとで株主が密になることなく株主総会を開催することができることなど、いくつかの利点が認められる。

しかし他方で、インターネットを利用することに伴って、さまざまな法的問題が生じる。検討を要する最も重要な問題は、サイバー攻撃や大規模障害等により、会社側の事情で通信障害が発生し、通信障害によって株主が株主総会に参加または出席できない事態が生じうることである。もしもこれらの事態が株主総会の決議方法の法令違反、または著しい不公正に該当することとなれば、株主総会決議に取消事由が生じることとなり（会社法八三一条一項一号）、会社に重大な影響を及ぼすこととなる。参加型と出席型のそれぞれについて検討してみたい。

（3）参加型バーチャル株主総会

参加型の場合は、会場に存在しない株主に会社がサービスとしてインターネットを介した傍聴の機会を与えているにすぎず、会社側での通信障害によって株主が中継を視聴できない事態が生じたとしても、株主総会決議に取消事由は生じないと解して差し支えない。中継を視聴できないのであればリアルの会場に出席したはずであるという株主が存在するかもしれないが、その者にも会場に出席する機会は与えられていたのであり、結論に変わりはないと考えられる。

＊1　岩村充・神田秀樹編『電子株主総会の研究』弘文堂、二〇〇三年。

＊2　第一九七回国会衆議院法務委員会第二号（二〇一八年一一月一三日）〔小野瀬厚法務省民事局長答弁〕参照。

もっとも、例外的ではあるが、たとえば出席株主から議長に対する批判的な質問があり、議長がそれに憤慨して中継を中止するなど、中継が議長の恣意的な判断で中止されたような場合には、いかに参加型であるとはいえ、議事運営が著しく不公正なものとして、決議取消事由が生じることとなろう。

（4）出席型バーチャル株主総会

これに対して出席型の場合は、インターネットを利用して株主が株主総会に出席し、リアルの会場に存在する株主とともに審議に参加し、決議にも加わる。出席型を実施するためには、会場と株主との間で情報伝達の双方向性と即時性が確保されている必要があることに異論はない。したがって会社側で通信障害が発生し、株主が審議または決議に参加できない事態が生じた場合には、決議方法に法令違反があることを理由として、株主総会決議に取消事由があるのではないかが問題とならざるを得ない。

この問題については、会社が通信障害のリスクを事前に株主に告知しており、かつ、通信障害の防止のために合理的な対策をとっていた場合には、決議取消事由には該当しないという解釈も示されている。[*3] 確かに会社側に落ち度がなければ、取締役の責任との関係では責任を否定するのがよいであろうが、通信障害によって現に株主総会による会社の意思決定に歪みが生じている場合に、会社側に落ち度がないことを理由に、決議の効力を争うことができないと解することには、疑問がある。

もっとも、会社法は、決議取消事由がある場合であっても、瑕疵が重大でなく、かつ決議に影響を及ぼさないと認められるときは、裁判所が取消しの請求を棄却することができるという制度を設けており（会社法八三一条二項。裁量棄却）、裁量棄却が認められることが少なくないであろう。

（5）バーチャルオンリー株主総会

バーチャル空間でのみ行う株主総会（バーチャルオンリー株主総会）は、前記のように、現行の会社法の下では認められないと解されているが、令和三年の産業競争力強化法（以下「産競法」という）の改正により、上場会社は、一定の要件の下で、バーチャルオンリー型を採用することができることとなった。

具体的には、上場会社が省令で定められた要件に該当することについて、経済産業大臣・法務大臣の確認を受けた場合には、「株主総会を場所の定めのない株主総会とすることができる」旨を定款で定めることができることとなった（産競法六六条一項）。

バーチャルオンリー株主総会について生じる法的問題は、前記の出席型バーチャル株主総会について生じる問題と基本的には同様であると考えてよいが、バーチャルオンリー株主総会においては、リアル株主総会が存在しないことから、主に次のような重要な違いが生じる。

第一に、会社側での通信障害が発生した場合には、株主にはリアル出席の機会が存在しないのであるから、出席型バーチャル株主総会におけるよりも一層、決議取消事由に該当しないという解釈をとることは困難であると思われる。

第二に、高齢者など、インターネットの利用に支障のある株主（いわゆるデジタル・デバイドの弱者）は、リアル株主総会に出席するという選択肢が存在しないため、この者をいかに保護するかが重要な法的

＊3　経済産業省「ハイブリッド型バーチャル株主総会の実施ガイド」（二〇二〇年二月二六日）一四頁。

課題となる。改正産競法では、上場会社が満たすべき前記省令で定める要件の一つとして、この者の利益の確保に配慮することについての方針を定めることを求めている（産業競争力強化法に基づく場所の定めのない株主総会に関する省令一条三号）。ここにいう方針の例としては、その者への書面投票の推奨、機器の貸出し、電話による出席を可能とする通信手段の採用が想定されているが、[*4] この程度の措置で十分と言えるかについて、なお慎重な検討を要するであろう。

おわりに

上場会社一九七九社を対象として最近行われたバーチャル株主総会の実施状況調査によれば、ハイブリッド参加型を実施した会社は三九三社（一九・九％）、同出席型を実施した会社は二二社（一・一％）、バーチャルオンリー株主総会を実施した会社は一三社（〇・七％）にとどまっている。[*5] バーチャル株主総会の利用がまだ大きく広がりを見せないのは、システム等の環境を整えることが会社にとって負担になるなど、いくつかの原因が考えられるが、前述した問題点をはじめとして、さまざまな法的課題について、未だ十分に明確な解答が用意されていないこともまた、その一因となっているのではないかと思われる。

前述したように、バーチャル株主総会には、容易に株主総会に参加・出席する機会を株主に提供できるなどの利点があることは、疑いのないところである。今後さらに、議論が進められていくことに期待したい。

＊4 経済産業省「(制度説明資料) 産業競争力強化法に基づく場所の定めのない株主総会」(二〇二三年七月) 一〇頁。

＊5 商事法務研究会編『株主総会白書』商事法務二三四四号、二〇二三年、一七一頁以下。

第5章

民事手続法学徒の研究履歴

山本 克己

はじめに

私が専攻する民事手続法は、法学の素人にとって、実定法の中でとりわけ、その内容を想像することすら難しい分野ではないかと常々感じている。そのため、本稿の執筆にあたっても、テーマ設定に苦慮した。悩んだ末、私の研究履歴を紹介することで、最近四〇年程の民事手続法学界の問題関心の一端（決して全体ではない）を示そうと試みることとした。

さて、私は、二五歳の時（一九八四年）に京都大学の助手に採用され、以来、約四〇年にわたって、「民事手続法」の研究に携わってきた。私の専門分野は一般的には「民事訴訟法」と呼ばれているが、私の研究は狭義の「民事訴訟法」（法典としての「民事訴訟法」が規律する分野）だけではなく、民事裁判手続あるいは裁判外紛争処理手続に関わる様々な法分野に及んでいるので、自己紹介などでは『民事手続法』を専攻しています」と言うことが多い。具体的には、狭い意味の民事訴訟法、民事執行・保全法、倒産処理法（倒産法）、国際民事訴訟法、家事事件手続法、仲裁法などを対象に研究を行ってきた。しかし、そのすべてを紹介することは、本稿に与えられた紙幅では無理であるので、以下では狭義の民事訴訟法、民事執行・保全法と倒産処理法についての代表的な業績に絞って紹介させて頂きたい。

1. 民事訴訟法

（1）審理過程の研究

私は、助手論文のテーマとして、民事訴訟法のうち、法律問題と事実問題の区別がいかにあるべきか、そして、その区別が民事訴訟法の審理手続にどのように反映されるかを検討することにした。

助手論文である「民事訴訟におけるいわゆる"Rechtsgespäch"（1）（2）（3）（4）」法学論叢一一九巻一号、三号、五号、一二〇巻一号（一九八六年）は、審理過程における法律問題の扱いに関して、当時わが国でも注目を浴びていた、西ドイツ法における Rechtsgespäch の概念の生成と展開を追った、学説史研究の論文である。方法論的には、取り上げる各論者の訴訟目的論などに表現されている民事訴訟観を視野に収めつつ、各論的な問題についてその民事訴訟観がどのように反映しているかを検討する、という工夫を凝らした。それは、当時、日本の民事訴訟法学界を席巻していた、「手続保障の第三の波」に対する態度決定のための準備作業を兼ねるという意図に基づくものであった。[*1]

助手論文を執筆後、京都大学の助教授に昇任し、それからほどなく西ドイツ（日本に帰国する直前に東西ドイツの統一が果たされた）で二年間の在外研究を行った。帰国後、在外研究の成果を公表したが、基本的に助手論文での問題意識を継承したものが中心となっている。

まず、事実問題の審理については、「弁論主義論のための予備的考察」と題する学会報告を行った（民事訴訟雑誌三九号［一九九三年］）。そのための基礎的研究が、「戦後（西）ドイツにおける弁論主義論の展開（1）（2）（3）」法学論叢一三三巻一号、一三四巻二号（一九九三年）、一三九巻五号（一九九六年）であるが、残念ながら未完に終わっている。

次に、法律問題と事実問題の区別や法律問題の審理に関する業績として、「外国法の探査・適用に関する諸問題」法学論叢一三〇巻一号（一九九一年。これは、国際民事訴訟法に関する研究でもある）[*2]、「立法事実の審理」木川統一郎博士古稀祝賀『民事裁判の充実と促進　下巻』（一九九四年、判例タイムズ社）、「契約の審理における事実問題と法律問題の区別についての一考察」民事訴訟雑誌四一号（一九九五年）「当事者の一方しか主張できない無効と主張共通の原則」奥田昌道先生還暦記念『民事法理論の諸問題　下巻』（一九九五年、成文堂）などの諸論稿を公表した。

しかし、その後は審理過程の研究に行き詰まりを感じて、「当事者権」鈴木正裕先生古稀祝賀『民事訴訟法の史的展開』（二〇〇二年、有斐閣）などを除けば、この問題領域では、見るべき成果を挙げることができなかった。法律論としての審理過程論が裁判官や当事者の心構えを説く精神論的なものとなりやす

＊1　「いわゆる『第三の波』理論について」法学論叢一四二巻一号（一九九七年）は、その成果である。
＊2　この論文の姉妹編として、「外国法不明の場合の処理」があるが、これは完全に国際私法の論文である。

く、法律論としての「頼りなさ」を感じて嫌気がさしたのである。

（2）当事者論の研究

平成一〇年代後半からの民事訴訟法の研究の主たる対象は、民事訴訟の当事者に移っていった。当事者論はより法律論らしさを備えており、私の指向に合うものであった。とりわけ、訴訟担当論をはじめとする当事者適格論に関する論稿をいくつか発表してきた。そこでは、訴訟担当という法律構成が持つ機能の解明や実体法と訴訟法の役割分担のあり方といった問題関心が支配的である。このような問題関心の変化は、後に述べるように、倒産法制の改正作業に携わった際に、破産管財人その他の管財人や再生債務者の実体法・訴訟法上の地位を検討した経験を背景としている。これに属する論稿として、「社債管理会社および担保の受託会社の訴訟上の地位について」『京都大学法学部創立百周年記念論文集　第三巻』（一九九九年、有斐閣）、「信認関係として見た法定訴訟担当」法学論叢一五四巻四＝五＝六号（二〇〇四年）、「法定訴訟担当論の再構成」民事訴訟雑誌五一号（二〇〇五年）、「渉外事件における訴訟担当の許容性」谷口安平先生古稀祝賀『現代民事司法の諸相』（二〇〇五年、成文堂。これは国際民事訴訟法の論文でもある）、「信託法における当事者適格論」法学論叢一六六巻五号（二〇一〇年）、「近時の民法改正等における不動産の管理者・管理人の訴訟上の地位」追手門法学一号（二〇二四年）などを挙げることができる。訴訟担当そのものを対象とはしていないが、当事者能力論を扱う「財産的独立性についての覚書き」法学論叢一八〇巻五＝六号（二〇一七年）や固有必要的共同訴訟論を扱う「『保存行為』（民法二五二条但書）と給付訴訟の原告適格」民商法雑誌一五五巻三号（二〇一九年）も、実体法と訴訟法の役割分担という問題関心に基づく当事者論関係の論稿である。

（3）訴訟対象論の研究

実体法と訴訟法の役割分担という問題意識に由来する研究は、訴訟対象論の領域にも及んでいる。まず、請求権競合論と給付訴訟の訴訟物論という古典的なテーマを扱っているのが、「メタ・ルールによる規範調整と規範統合方式」ジュリスト一〇九六号（一九九六年。これは純粋の民法の論文である）と「訴訟物論における『実体法的思考』の批判的検討」新堂幸司先生古稀祝賀『民事訴訟法理論の新たな構築　下巻』（二〇〇一年、有斐閣）がある。後者は、実体法的思考と訴訟法的思考を対比しつつ、訴訟法的思考が支配すべき問題領域に潜んでいる実体法的思考を炙り出す、という問題意識を貫こうとした論文である。同様の問題意識に基づく論稿として、むしろ当事者論に属しているが、「兼子一『訴訟承継論』における実体法的思考と訴訟法的思考」松本博之先生古稀祝賀論文集『民事手続法制の展開と手続原則』（二〇一八年、弘文堂）がある。

次に、実体法と訴訟法の役割分担という問題関心に基づく処分権主義（民事訴訟法二四六条）に関する研究として、「立退料判決をめぐる実体法と訴訟法」石川正先生古稀記念論文集『経済社会と法の役割』（二〇一三年、商事法務）、「定期金賠償と民事訴訟法二四六条」伊藤眞先生古稀祝賀論文集『民事手続の現代的使命』（二〇一五年、有斐閣）がある。どちらも、実体法上の形成権が訴訟法に及ぼす影響を考察することを内容としている。なお、同じ問題意識に基づく中間まとめ的な研究として、「給付・確認の訴えと形成の訴えのハイブリッド？」を近々公表する予定である（雑誌「法学」の坂田宏教授追悼号に掲載予定)。

2. 民事執行・保全法と倒産処理法

私は、京都大学の助手に採用される前の司法修習生時代に、「倒産法における相殺禁止規定(1)(2)」民商法雑誌八九巻六号、九〇巻二号(一九八四年)と題する論稿を発表しており、その頃から倒産処理法、とりわけ倒産実体法に関心を有していた。しかし、倒産処理法に関する研究を本格化させる契機となったのは、法務省が一九九六年に着手した倒産法制の全面的改正作業である。その前年頃であろうか、大阪弁護士会有志が倒産法改正に備えて立ち上げた研究会にオブザーバとして参加する機会を得たばかりか、一九九八年からは法務大臣の諮問機関である法制審議会の倒産法部会に幹事として参画することとなった(以降、同部会が解散するまで所属)。これをきっかけに、倒産処理法の研究を本格化させた。

倒産法制の立案作業が行われている間は、立法論的な論文や新法解説を多数執筆したが、その詳細を紹介することは、現時点ではあまり意味がないので、立法論を展開する論文としては、「債権劣後化の約定と倒産処理手続」ジュリスト一二一七号(二〇〇二年)を挙げるにとどめる。この論文は、バブル経済崩壊後の金融危機の中での金融機関の健全性確保のための制度枠組みにも関わる難問について、ドイツ法を参照しつつ立法論を述べたものであるが、そこでの論旨の大筋は平成一六年に破産法・民事再生法・会社更生法に条文化された。

学術的意義のある解釈論的な論文は、倒産実体法に集中している(倒産実体法の解釈論が法律論らしさを備えていたことがその一因である)。その嚆矢となった、「債権執行・破産・会社更生における物上代位権者の地位(1)(2)(3)(4)」金融法務事情一四五五号、一四五六号、一四五七号、一四五八号(一九八六年)は、倒産処理手続開始決定が債務者の財産の包括差押えであるという前提のもとに、物上代位の行使要件としての差押えが持つ実定法的・手続法的な意義を明らかにしたうえで、その意義を破産手続・更生手続における物上代位権者の地位に推し及ぼすことで、民事執行手続と倒産処理手続を通じた体系的に整合的な解釈論を導き出そうとするものである。

その後、物上代位の研究は、「物上代位権の『保全』のための差押と物上代位権を被保全権利とする保全処分」米田實先生古稀記念『現代金融取引法の諸問題』(一九八六年、民事法研究会)、「抵当権に基づく賃料債権に対する物上代位の効果と手続に関する覚書」法学論叢一四二巻五＝六号(一九九八年)、「転貸賃料に対する物上代位と民事執行手続」原井龍一郎先生古稀記念『改革期の民事手続法』(二〇〇〇年、法律文化社)、「抵当権に基づく物上代位と相殺」法曹時報五三巻八号(二〇〇一年)などでも展開されることとなった。もっとも、これらの論稿は、倒産処理手続とは無関係に物上代位を扱うものであり、「抵当権の特定承継人の執行手続上の地位」竹下守夫先生古稀祝賀『権利実現過程の基本構造』(二〇〇二年、有斐閣)とともに、民事執行・保全法の領域における筆者の代表作となっている。

倒産実体法の研究に戻ると、「賃貸人の破産と賃借人の相殺権(上)(下)」金融法務事情一五五九号、一五六〇号(一九九九年)、「社債発行会社の偏頗行為」金融法研究・資料編一五号(一九九九年)、「民事再生法上の否認権者と訴訟手続」福永有利先生古稀記念『企業紛争と民事手続法理論』(二〇〇五年、商事法務)、「財団債権・共益債権の債務者」田原睦夫先生古稀・最高裁判事退官記念論文集『現代民事

法の実務と理論　下巻』（二〇一三年、金融財政事情研究会）、「破産管財人の法的地位と破産財団に属する財産の帰属」上野泰男先生古稀祝賀論文集『現代民事手続法の法理』（二〇一七年、弘文堂）、「破産法104条と破産配当額の超過」片山英二先生古稀記念論文集『ビジネスローの新しい流れ』（二〇二〇年、青林書院）などがこの分野での研究に属する。この中では、「財団債権・共益債権の債務者」が、自分としては、最も納得のいく出来栄えとなっている。

また、倒産手続法については、財産分与請求権を題材に、家事審判を含む非訟事件手続においてその内容が形成される債権が破産手続において生じさせる諸問題を検討する論稿として、「家事審判手続と破産手続の開始」ケース研究三二八号（二〇一七年）、「人事訴訟手続（離婚手続）と破産手続の開始」徳田和幸先生古稀祝賀論文集『民事手続法の現代的課題と理論的解明』（同年、弘文堂）がある。そこでは、訴訟と非訟の区別に関する判例理論と、破産債権確定手続の基本構造に埋めがたい溝があることが示されている。

それ以外に、倒産処理法に関する研究としては、会社更生法と会社法の関係を検討する論文や国際倒産法に関する論文があるが、ここでは割愛する。

おわりに

こうして自分の過去を振り返ってみると、問題関心が拡散しており、あまりまとまりのない研究活動を行ってきたことに、今更ながら気づかされる。これは私の性格の反映であると、自らを正当化・合理化するしかない。しかしながら、他方では、民事手続法学の動向を比較的広く明らかにすることに役立ったのではないかと考えている。

第6章 行政法…法治主義と法治国家の間
――緊急状況における日本とドイツの比較――

高橋　明男

はじめに

1．行政法（公法）の基本原理に国家作用が法により行われる法治主義がある。[*1] 法治主義は、ドイツ行政法（公法）学において展開した法治国家原理を参照して提唱され、基本原理として確立された。[*2] その過

＊1　法治主義・法治国家研究の権威である高田敏博士は、法治主義の発展段階として「法による裁判」から始まり、「法律による行政」の原理の確立を経て、「立法内容の法的羈束」に至るとされる。高田敏『法治国家観の展開―法治主義の普遍化的近代化と現代化』（有斐閣、二〇一三年）四四九頁。

＊2　高田博士によれば、法治主義の語は法治国の主義・原則を表示する日本語として明治期に成立し大正期に確立した。法治主義の概念は、大正期に、法治国概念に従って、「法治主義＝法治国原則＝法治行政」とされ、第二次大戦後、ドイツの法治国家観の実質的法治国家観への転換を参照して、実質的法治国原則＝実質的法治主義が妥当することになった。高田敏（前掲注1）四二九頁以下、七〇九頁以下。

程においては、様々な議論が展開してきたが、[*3]日本における法治主義原理とドイツにおける法治国家原理が相互に参照可能であることは議論の前提とされている。

本稿は、日本の行政法（公法）学における法治主義原理と、そのモデルである法治国家原理の議論の対比を行う。その方法として、国家が法によりどのように対応をすべきか明示的には明らかでない緊急状況が現実に生じたとき、[*4]近年の日本とドイツはどのように対応し、どのように議論されたかを対比する。

2．取り上げる緊急状況は、日本とドイツが直面した二つの緊急状況である。その一つは一九七〇年代の過激派（赤軍派）によるハイジャック事件であり、もう一つは二〇二〇年代の全世界を巻き込んだコロナ危機である。ハイジャック事件では、日本とドイツがほぼ同様の事態に見舞われ、日本は、犯人の要求を受け入れて人質解放を実現したのに対して、ドイツは、犯人の要求を受け入れず、航空機に特殊部隊を突入させて人質を解放した。コロナ危機においては、日本はドイツを含む各国と異なって、ロックダウンのような強力な規制を行うことなく、いわゆる「3密」を避ける自粛要請とワクチン接種勧奨に終始した。

両方の緊急状況において、わが国とドイツでは法治主義あるいは法治国家という比較しうる同種の原理の限界が問題にされながら、異なる対応が導かれている。

1．一九七〇年代の過激派ハイジャック事件

（1）事件の経過

①　日本が関わった事件――クアラルンプール事件とダッカ事件

クアラルンプール事件は、一九七五年八月四日に「日本赤軍」を名乗る武装集団がマレーシアのクアラルンプールのアメリカ大使館とスウェーデン大使館を襲撃し、アメリカ領事らを人質として、日本で拘留中の「日本赤軍」七人の釈放を要求した事件である。政府は閣議決定により犯人の要求通りに釈放を決定し、釈放に同意した五人を航空機で出国させ、犯人は当該航空機で釈放された者と共にリビアに向かい、同地で人質を解放してリビア政府に投降した。[*5]

ダッカ事件は、一九七七年九月二八日にパリ発東京行き日本航空機が「日本赤軍」を名乗る集団によりハイジャックされバングラデシュのダッカに着陸させられ、同機の乗員乗客を人質として、日本で勾留中の「日本赤軍」九人の釈放と身代金六〇〇万ドルが要求された事件である。政府は閣議決定により釈放と身代金の支払いを認め、釈放に同意した六人が出国し、六人と合流した犯人は人質の一部を解放し、最後にはアルジエリアに向かい、同地で残りの人質を解放すると共にアルジエリア政府に投降した。[*6]

＊3　英米法（コモン・ロー）における法の支配原理との異同（高田［前掲注1］五八二頁以下）、権力分立原理との関係（高田［前掲注1］五八二頁以下）、法治主義原理の内容等の議論である。高田博士は、法律による行政の原理のみを意味する形式的法治国家から立法をも羈束する実質的法治国家への発展により、法治主義の内容も実質化すると説く。高田（前掲注1）七一三頁。

＊4　緊急状況は、国家緊急権や非常事態の概念と関わって、特に憲法秩序の内か外かが問題となるが、ここでは憲法秩序が明示的に予定していない状況を示す語として用いる。

＊5　クアラルンプール事件について、渥美東洋「日本赤軍クアラルンプール事件『超法規的』措置をどうみるか?」法セミ二四五号（一九七五年）四八頁、井田敦彦「『超法規的措置』・『超実定法的措置』と国家緊急権」レファレンス八七四号（二〇二三年）七九頁等参照。

＊6　ダッカ事件について、井田（前掲注5）八一頁等参照。

両事件において政府が犯人の要求を受け入れて勾留中の者を釈放した措置は「超法規的」あるいは「超実定法的」措置と呼ばれ、政府は「法令が想定していない緊急事態等において、他に手段がなくやむを得ずとられる具体の措置であって、当該措置を必要とする具体的状況、当該措置の内容等に照らし、実定法を支える法秩序全体を流れる法の理念からして許容される」としている。[*7]

② ドイツが関わった事件――シュライヤー氏誘拐事件とモガジシオ事件

一九七七年九月五日にドイツ経営者連盟とドイツ産業連合の会長を兼ねるハンス・マルティン・シュライヤー氏が「ドイツ赤軍」を名乗る集団により誘拐され、同氏を人質に拘留・勾留中の仲間の釈放が要求されたが、西ドイツ政府はこれに応じなかった。

同年一〇月一三日に「ドイツ赤軍」はスペイン領マジョルカ島パルマ発フランクフルト行きのルフトハンザ機をハイジャックし、ローマに着陸させた上、乗員乗客を人質に西ドイツ及びトルコに拘留中の「ドイツ赤軍」メンバーの解放と身代金一五〇〇万ドルを要求した。しかし、西ドイツ政府は応じず、同機は最終的にソマリアのモガジシオに到着した。同地において、一〇月一八日に西ドイツのテロ対策特別部隊が機内に突入して犯人を射殺し、人質を解放した。犯人の要求が実現しなかったことを知った拘留中の「ドイツ赤軍」メンバーが獄中で自殺し、それを知ったシュライヤー氏誘拐犯は同氏を射殺した。[*8]

（２）措置の法的評価

① 日本における議論

日本の対応に対しては、ときの内閣総理大臣が「人の生命は地球より重い」と述べたと伝えられ、人質解放に成功したことをもって、拘留中の者を解放するという異例の措置もやむを得なかったという肯定的な評価が社会一般にある。[*9] 一方、アカデミズムにおいては、政府の「超法規的」「超実定法的」という言葉の曖昧さと相まって、その後の国家緊急権をめぐる議論が展開していく契機の一つになった。「超法規的」「超実定法的」措置は、[*10] 日本の法的議論においてどのように捉えられただろうか。

＊7　平成25年5月7日第183回国会質問66憲法と超法規的措置等に関する質問に対する答弁書（https://www.shugiin.go.jp/internet/itdb_shitsumon.nsf/html/shitsumon/b183066.htm）。政府は、クアラルンプール事件では「超法規的措置」という語を用いたが、ダッカ事件においては、「実定法に定めはないものの法秩序全体の枠組みを超えるものではないとの観点から」「超実定法的措置」という用語に変えたとしている。政府の措置の解説として、石原一彦「日本赤軍事件における超法規的措置について」法律のひろば二八巻一一号（一九七五年）四頁。用語法について、時の法令九〇四号（一九七五年）二九頁、同九八五号（一九七七年）二八頁。

＊8　ドイツのハイジャック事件について、柴田光蔵『法のタテマエとホンネ（新増補版）』（有斐閣、一九八八年）二二六頁以下参照。なお、ドイツにおいては、一九七五年に同様に過激派が人質をとって仲間の釈放を要求する事件が相次ぎ、犯人の要求を受け入れて拘留中の者を釈放した事件と犯人の要求に応じず人質が殺害された事件があった（石原［前掲注7］六頁）。

＊9　日本人のメンタリティーないし文化に合致していたとする柴田（前掲注8）二三五頁、渥美（前掲注5）五七頁、柳瀬良幹「国家緊急権の各種」公法四一号（一九七九年）三七頁（四一頁）等参照。なお、当時の日本にはドイツのような特殊部隊がなかったが、現在はSAT、銃器対策部隊、NBCテロ対応専門部隊、国際テロリズム緊急展開班（TRT―2）がある（https://www.npa.go.jp/hakusyo/h16/hakusho/h16/html/F7002020.html）。この点について、板橋功「テロリズムと日本」大沢秀介・小山剛編『自由と安全―各国の理論と実務―』（尚学社、二〇〇九年）三頁（一〇頁以下）。

＊10　井田（前掲注5）八三頁以下は、見解を国家緊急権に言及しないで政府の正当化論拠を認める考え方、国家緊急権の表れとみる考え方、国家緊急権とは異なるとする考え方に分ける。

日本の現行憲法においては、国家緊急権は実定憲法上の根拠を欠いている。この点は、緊急勅令、戒厳、非常大権等の関連する規定を置いていた明治憲法と異なっている。[*11] これに対し、法律上は、「緊急事態」を規律する例がある。例えば、警察法七一条の緊急事態における緊急事態布告による内閣総理大臣の警察指揮権の規定、災害対策基本法一〇九条の災害緊急事態における内閣の政令制定権の規定、国民保護法の武力攻撃事態・存立危機事態の規定、新型インフルエンザ等特別措置法三二条の緊急事態の規定等である。[*12]

これらの規定はそれぞれの目的に応じた事態を想定しているから、自ずから射程は限定される。そこで、憲法において、より一般的な緊急事態に関する条項を設けるべきであるかどうかという議論が出てくることになる。現在の通説的な憲法学説は、緊急事態条項の濫用を警戒してこれに否定的であり、緊急事態には立法措置で対応することができ、人権の「公共の福祉」という制約が根拠となり得るとする。[*13] このような考え方は、法治主義原理とその派生原理である法律による行政の原理に親和的であろう。しかし、そうだとすると、ハイジャック事件のような想定外の緊急状況において、法律の制定・改正が間に合わない場合は「超法規的」「超実定法的」対応を許容すべきなのだろうか。[*14] 法治主義原理をさらに突き詰めて、そこから何らかの帰結を導くことはできないだろうか。[*15] この点を、次に、ドイツにおける法的議論を参照して考えてみよう。[*16]

② ドイツにおける議論

シュライヤー氏の誘拐事件に際して、シュライヤー氏の親族が代理して、犯人の要求を受け入れる仮命令の発出を連邦政府及び関係する州政府に対して求める訴えが連邦憲法裁判所に提起された。これに対して、連邦憲法裁判所は次のように述べて請求を棄却した。[*17]

「基本法二条二項は一条一項二文と結びついて国家に対し、あらゆる人の生命を保護することを義務づ

＊11　小林直樹『国家緊急権』（学陽書房、一九七九年）一四〇頁以下、一七九頁以下。なお、憲法の通説的見解においては、平時の統治機構をもっては対処できない事態を「緊急事態」とし、国家権力が、立憲的な憲法秩序を一時停止して非常措置をとる権限を「国家緊急権」とすることについて、高田篤「非常事態とは何か」論究ジュリスト二一号（二〇一七年）四頁。

＊12　法律上の緊急事態の規定の概観につき、工藤達朗「国家緊急権と抵抗権」中央ロー・ジャーナル一六巻一号（二〇一九年）九九頁（一〇七頁以下）。二〇二四年の地方自治法改正によって規定された「国民の安全に重大な影響を及ぼす事態」における指示権（地自二五二条の二六の四）も含められうる。なお、法律（警察法）上の一般条項としての緊急権として警察緊急権という考え方があるが、警察官職務執行法四条の「人の生命若しくは身体に危険を及ぼし、又は財産に重大な損害を及ぼす虞のある天災、事変、工作物の損壊、交通事故、危険物の爆発、狂犬、奔馬の類等の出現、極端な雑踏等危険な事態がある場合」における避難等の措置がそれにあたるとする見方もあり得よう。

＊13　高見勝利「非常事態に備える憲法改正は必要か」論究ジュリスト二一号（二〇一七年）九五頁（一〇一頁）、棟居快行「災害と国家緊急権」関西学院大学災害復興制度研究所編『緊急事態条項の何が問題か』（岩波書店、二〇一六年）一頁（二五頁以下）等。

＊14　法律による行政の原理の一原則である法律の留保の範囲について、通説的な見解は、緊急の必要が発生しても、法律の根拠がないためにいかなる活動もできないのは行政責任を果たすことにならないという論拠を挙げて、全部留保説を批判し、非権力的作用は法律の根拠なしに可能であると説く。原田尚彦『行政法要論（全訂第七版補訂２版）』（学陽書房、二〇一二年）八三頁。

＊15　そのような努力なしに済ませてしまう危うさへの懸念が「超法規的」「超実定法的」措置に対する批判の根底にあると思われる。佐藤功「『超法規的措置』とは何か」ジュリスト六〇一号（一九七五年）一〇頁。

けている。……人の生命は、とりわけ、他者からの違法な侵害に対しても守られなければならない。……人の生命は最高の価値であるから、この保護義務付けは特に真剣に受け止められなければならない」。「基本法は保護義務を個人に対するだけでなく、市民全体に対しても基礎づけている。このような義務の効果的な履行は、管轄する国家機関が個々の事例のその都度の状況に対応できる状態にあることを前提としている。このことから既に、特定の手段の確定は排除される」。

連邦憲法裁判所が堕胎罪判決[*18]以来、維持している基本権保護義務については、イーゼンゼーが、国家の権力独占を基礎に、法治国家の前提として国家には個人を他者の侵害から保護する義務があると論証し、ドイツにおいて確立した理論枠組となっている。[*19]シュライヤー事件における連邦憲法裁判所の判決は、保護義務が市民全体に対しても及ぶことを認めた。このような義務が憲法から導かれることにより、ハイジャック事件のようなケースにおいて、国家機関の対応は憲法上の保護義務により整序される。すなわち、人質の生命を保護する義務を履行するために、犯人を殺害することも場合によっては必要な手段となり得る。[*20]保護義務は、その後のテロ対策立法に対する憲法上の基礎付けとなるとともに、自由と安全の議論の基底に置かれることにもなったが、[*21]それは、テロへの対応が国家緊急権の問題ではなく、憲法の解釈として論じられ得ることをも意味する。[*22]ここには、法治国家原理から限界的な状況に対する帰結を導き出そうとする解釈努力を見出すことができる。

2. コロナ危機

（1）コロナ危機の経過

① 日本における対応

二〇一九年一二月に中国・武漢で発生した新型コロナ感染症は、翌二〇二〇年には瞬く間に世界中に感

＊16 柳瀬（前掲注9）四六頁は、ハイジャック事件における日本とドイツの対応の違いは、国の任務についての判断の相違から来たものとする。また、小山剛「自由と安全—日本の状況と課題」警察政策研究一九号（二〇一六年）一八二頁は、日本の特殊性として、自由の制限に対する抑制的な憲法の存在を指摘する。もっとも、日本においても、既存の法律で対処できない緊急状況において、通常の内閣提出法案にみられる慎重な考察を行わず、議員提案により極めて短期間に対応する法律が作られた例がある。成田空港の開港間近に空港開設反対派により管制塔が占拠された事件を契機に制定された、いわゆる成田新法がそれであり、重大な財産権規制に対して一切の事前手続を欠いている点が憲法三一条の適正手続に反すると主張されたが、最大判平成四年七月一日（民集四六巻五号四三七頁）は合憲とした。

＊17 BVerfG, Urteil vom 16. Oktober 1977, BVerfGE46, 160.

＊18 BVerfG, Urteil vom 25. Februar 1975, BVerfGE 39, 1.

＊19 J.Isensee, Das Grundrecht auf Sicherheit, 1983; der., Sicherheit und Freiheit, in: Uwe Kirschel /Hanno Kube (Hg.), HStR, Bd I, 2023, §16 Rn.60ff.

＊20 J.Isensee, Leben gegen Leben Das grundrechtlicher Delemma des Terrorangriffs mit gekapertem Passagierflugzeug, Fs. Guenther Jakobs, 2007, S.205 (223).

＊21 Isensee (Fn.20), S.210. 小山剛「„im Rahmen des Rechtsstaates“—『法治国家の枠内において』—」大沢秀介・小山剛編『自由と安全』（尚学社、二〇〇九年）二二七頁（二三五頁以下）。なお、ドイツのテロ対策立法について、井上典之「ドイツのテロ対策・予防のための法制度」論究ジュリスト二一号（二〇一七年）四九頁等参照。

＊22 ドイツにおける国家緊急権について、山中倫太郎「国家緊急権の概念の整理及び分析—ドイツにおけるStaatsnotrecht の概念の整理及び分析を踏まえて—」防衛大学校紀要（社会科学分冊）一二三輯三・九（二〇二一年）三四頁。ドイツにおける緊急事態憲法について、石塚壮太郎「緊急事態宣言の比較憲法的分析—ドイツ」（大林啓吾編『コロナの憲法学』二〇二一年、弘文堂）一〇〇頁以下。

染が広がった。日本においては、二〇二〇年三月に新型インフルエンザ等特別措置法の改正により、新型コロナ感染症について新型インフルエンザ等と同様の措置をとることが可能になり、同年四月以降、八回を数えた感染の波に応じて特措法に基づく緊急事態宣言の発出とその解除が繰り返され、学校の一斉休校・マスク着用・イベント等の開催自粛・飲食業等の営業時間短縮等が要請された。また、二〇二一年二月には特措法改正により、まん延防止等重点措置が新たに設けられ、要請に応じない事業者等に対する命令・過料が規定された。この間、持続化給付金等の給付が行われ、GOTOトラベル事業が断続的に行われた。さらに、二〇二一年四月からワクチン接種の勧奨が始まり、二〇二〇年五月以降、治療薬が相次いで特例承認された。二〇二三年五月に、新型コロナ感染症が感染症法上新型インフルエンザ等と同様の二類から五類に変更され、形の上での一応の収束をみた。[*23]

以上のように、特措法上の緊急事態においても、マスク着用等の「3密」防止、外出・営業等の自粛要請とワクチン接種の勧奨が主たる内容で、法改正により、要請に応じない者に対する強制措置を付加するに至ったが、ほとんど使われなかった。また、給付金等の経済的支援は予算措置によって行われ、医療崩壊を防ぐためにPCR検査数が限定された。[*24]

② ドイツにおける対応

ドイツにおける新型コロナへの対応は、二〇二〇年三月にイタリアで爆発的な感染拡大と医療崩壊が起こり、ヨーロッパ全体への感染拡大が懸念されたときの連邦政府と各州政府の合意に基づくガイドラインに即した州政令によるロックダウンの実施に始まる。[*25] これは、感染症予防法において、州政府が政令によりロックダウン実施を行うことが可能であったことによる。その後、全国規模流行状況住民保護法制定と感染予防法の数次の改正により連邦の権限拡大とロベルト・コッホ研究所への感染情報の集約、情報開示が規定された。ロックダウンは時限的に行われ、解除と再規制が繰り返され、二〇二一年改正法では緊急ブレーキ条項が設けられた。所得補償について時限的な立法措置が講じられ、ワクチン接種は、二〇二〇年一二月から法規命令であるワクチン接種規則に基づいて実施され、二〇二一年六月に廃止されるまでワクチン接種の優先順位付けが規則で定められていた。

このようなドイツの対応は、様々な対策を法令により規律していることに特徴がある。

（2）コロナ対応の法的評価

①　日本の対応の評価

＊23　新型コロナ感染症の時系列の経過については、東京都の資料に分かりやすくまとめられている。https://www.tmghig.jp/cms_upload/63a792be40033dfc906d11c7f734ac27.pdf

＊24　加藤哲郎『パンデミックの政治学』（花伝社、二〇二〇年）一九頁以下は検査数の限定による統計の不備を指摘する。また、熊谷徹『パンデミックが露わにした「国のかたち」』（NHK出版、二〇二〇年）九六頁以下は、徹底した検査による感染発見によりドイツにおいて感染死亡率が欧州では際立って低く抑えられたことを指摘する。

＊25　本文の記述は、ドイツにおけるコロナ対応の経過を克明に現地から跡づけた研究である横田明美『コロナ危機と立法・行政』（弘文堂、二〇二二年）、泉眞樹子氏の外国の立法掲載の一連の論稿（二八三―二［二〇二〇年］四頁～二九一―一［二〇二二年］一〇頁）、さらに村山淳子「コロナ危機と法」筑波ロー・ジャーナル三四号（二〇二三年）二三頁以下、石塚（前掲注22）等を参照している。

日本の対応については、行政指導により感染拡大と死亡者数が抑えられたことをもって「日本モデル」の成功とする見方がある一方で、自粛への同調圧力による自由の圧迫に対する批判や統計の正確さへの疑問が出されている。[*26]

コロナ対応については、法学分野においても数多くの研究が蓄積した。[*27] しかし、日本のコロナ対応が自粛要請等の行政指導と予算措置に基づく給付金の支給を主としたものであったため、法的な争いにつながった例は限られている。[*28] ここでは、紙幅の関係もあり、このようなコロナ対応の個別的な論点に立ち入ることは措き、ドイツとの比較の観点から、あいまいな「法治国家」、あいまいな立法・行政実務が、政府が責任を負わない結果を生み出しているとする見解があることを指摘するに止める。[*29]

② ドイツの対応に対する評価

ドイツの対応は法令に基づくものであったため、規制に対して数多くの訴訟が提起された。その中には、外出制限を比例原則違反とした州行政裁判所の判決例や集会禁止を保護義務を根拠に合憲とした連邦憲法裁判所の判決等がある。[*30] もっとも、新型コロナ感染症については感染方法・感染力・治療法等について不明確なことが多かったことから、裁判例においても、比例原則審査の結果、違法としないものが多いようであり、文献においても一方的な判断ではなく慎重な考慮を求めるに止まるものが目にとまる。[*31] とは言うものの、テロ対策の場合と同様に、コロナ危機においても、保護義務という考え方が政府の対応を法的に審査する手がかりを与えているとは言えよう。[*32]

＊26 加藤（前掲注24）二七頁以下、熊谷（前掲注24）一六五頁以下、児玉聡『COVID―19の倫理学』（ナカニシヤ出版、二〇二二年）等。一方で、国の指導体制が十分に機能したかという観点からの分析として、竹中治堅『コロナ危機の政治』（中央公論新社、二〇二〇年）。

＊27 雑誌論文の大きな特集のみを挙げると、「パンデミックと公法の課題」論究ジュリスト三五号（二〇二〇年）、「新型コロナと法」法セミ六五巻七号（二〇二〇年）〜六六巻三号（二〇二一年）、「パンデミック対応の法・制度の構築」ジュリスト一五九一号（二〇二三年）等。単行法として、大林（前掲注22）。

＊28 営業時間短縮の命令の違法性を認めた東京地判令和四年五月一六日判時二五三〇号五頁、営業時間短縮要請に従ったことによる給付金を受けられる地位の確認を認めた大阪地判令和四年九月三〇日判例自治五〇三号三八頁、新型コロナの感染者が立ち寄った飲食店の店名公表の違法性が認められなかった徳島地判令和五年一月二五日判例自治五一〇号一四七頁、営業時間短縮命令を適法とした札幌地判令和五年三月二八日裁判所ウェブサイト等がある。

＊29 栗島智明「公法学の観点からみた日本のコロナ対応――『あいまいな法治国家』の一つの背景――」法学研究九四巻一二号（二〇二一年）一六〇頁（一七一頁）

＊30 参照、小山剛「コロナ禍の自由と安全」法時九三巻一三号（二〇二一年）一頁、山本真敬「COVID―19とドイツの法状況」ジュリスト一五四六号七一頁。連邦憲法裁判所の裁判例の概観として、Ruediger Zuck/Holger Zuck, Die Rechtsprechung des BVerG zu Corona-Faellen, NJW 2020, 2302.

＊31 Hans-Heinrich Trute, Ungewissheit in der Pandemie als Herausforderung, GSZ 2020, 93 (101); Holger Schmitz/ Carl-Wendelin Neubert, Praktische Konkordanz in der Covid-Krise, NVwZ 2020, 666; Christian Seiler, Pandemiebedingte Massnahmen zur Kontaktvermeidung als verfassungsrechtliche Herausforderung, JZ 2021, 924; Stephan Rixen, Gesundheitsschutz in der Coronavirus-Krise, NJW 2020, 1097. ドイツのロックダウン規制に関する法的議論状況を分析した松原光宏「感染症パンデミックにおける公法上の重要問題（一）〜（三・完）」自研九九巻三号七九頁、四号一〇四頁、五号七七頁（二〇二三年）参照。

＊32 連邦憲法裁判所がコロナ対策との関連で保護義務に依拠した例として、BVerfG, NVwZ 2020, 1823; BVerfG, NJW 2022, 139 (149); BVerfG, NJW 2022, 1999 (2008f.)u.a.

おわりに

以上、二つの緊急状況における日本とドイツの対応とその法的評価を素描した。その中で浮かび上がってきたことは、日本の法治主義とドイツの法治国家の運用の間には、前者に欠け後者には根付いているものがあるということである。日本においては、法治主義を限界まで働かせようとするのではなく、法治主義を脇に置いて曖昧な法的に詰めない迂回路を探ろうとする。これに対して、ドイツでは、法治国家原理に正面から向き合い同原理の枠内における論理的な可能性を追究して妥当な結論を導こうとする。この運用における違いには、日本の場合、外国から輸入した法の守備範囲を狭く捉え、それとは別の社会規範による解決が望まれることがあるのかもしれない。[*33]

しかし、法治主義と法治国家の運用にこのような違いがあるとしても、それはそれぞれに内在する論理ではなく、それを解釈適用する際に生じる違いである。[*34] 高田敏博士は次のように述べる。「残念ながら、日本を含め、多くの国々で、『法の支配』、『法治主義』を損なうような事象、傾向が目立つようになってきた。しかしながら、『法の支配』、『法治主義』の歴史は、それらを損なおうとする動きを乗り越える過程だった、とも言い得る」。[*35] 法治主義がそれを損なおうとする動きを乗り越えていくためには、法治主義を神聖不可侵なものとするのではなく、法治主義を「鍛える」ことが大事ではないだろうか。法治主義を「鍛える」ことはその担い手を「鍛える」こと、具体的には、法の解釈・適用の現場において法を担う公務員や行政法曹、議員を「鍛える」こと、法的な知見・知識を備えて法理論にリテラシーを持って憲法・法令を解釈・適用できるよう育むこと、そのような法的専門性を持った者が適切に決定過程に関与する仕組みを作ることである。

＊33　柴田（前掲注8）二二二頁は、欧米では、法の取り仕切る領域は奥深く、どこまで突き進んでも法の世界に含まれるのに対し、日本では、法＝法規に狭い守備範囲しか与えられておらず、外国産の法規が輸入されたこともあって、法の向こうには、法と異質な、むしろそれより強力な、モラル、掟、情、習俗、国民感情、社会通念などの社会規範が、何重にもとりまいているという。

＊34　Seiler (Fn. 31), S. 930 は、コロナ危機のような状況においては、裁判だけでなく、立法府・行政府による法の創造とその条件を問題にすることが重要であるという。

＊35　高田敏「『法の支配と法治主義』出版に寄せて」岡田正則・高田敏・「法の支配と法治主義」研究会　文献紹介「シルケナートほか編（岡田正則・紙野健二・高橋明男編訳）『法の支配と法治主義（二〇二〇年）』比較法学五五巻二号（二〇二一年）一五九頁（一六一頁）。

第7章

経済法のフロンティアとしてのデジタル・プラットフォーム問題

川濵 昇

1．本稿の課題

今日の経済・社会が高度にデジタル化していることは今更繰り返すまでもない。そこでの重要なプレイヤーであるデジタル・プラットフォーム事業者が、経済・社会に急激な変化をもたらし、ここ数年法律の多くの分野でその変化への対処が問題となってきた。デジタル・プラットフォーム事業者とりわけ、ＧＡＦＡＭ（グーグル［アルファベット］、アマゾン、フェイスブック［メタ］、アップル、マイクロソフト）に代表されるビッグテック事業者は世界中で様々な懸念を巻き起こしている。すなわち、その強大な経済力が競争相手、関連事業者、消費者にとって多大な不利益をもたらすのではないか。その事業過程で個人情報の保護を侵害し、新たな消費者被害をもたらすのではないか、さらには民主的な政治システムへの脅威となるのではないかなど様々な問題が指摘されている。[*1]

これらの問題群の中核にあるのは、それらの事業者の有する強大な経済力である。経済力への対処は、経済法とりわけ独占禁止法などの競争法[*2]の中心的課題である。それゆえ、多くの国でデジタル・プラットフォーム問題はまず競争法からアプローチされてきた。しかし、その経済力への対処は従来の競争法の道具では問題解決が困難な側面もある。それでは不十分だとして、新たな規制手段を立法化する例もある。たとえば、ＥＵのデジタル市場競争法やわが国のスマホ特定ソフト法（スマートフォンにおいて利用される特定ソフトウェアに係る競争の促進に関する法律・令和六年法律第五十八号）などである。本稿ではデジタル・プラットフォームにおける競争法適用の困難さを通じて、競争法という領域の特性を説明しつつ、デジタル・プラットフォームの経済力のもたらす問題点を概説する。

2．デジタル・プラットフォームとは何か。

（1）デジタル・プラットフォームの意義

デジタル・プラットフォームの意義は文脈に応じて異なる。しかし、経済力の観点から見ると次の内容が出発的になる。すなわち、「情報通信技術やデータを活用して第三者にオンラインのサービスの「場」を提供し、そこに異なる複数の利用者が存在する多面市場を形成し、いわゆる間接的ネットワーク効果が働くという特徴を有するもの」[*3]というものである。

これだけではわかりにくいと思うのでネットワーク効果と多面市場特性（プラットフォーム）について少し説明を加えておく。[*4]

ネットワーク効果とは需要者が増加すると需要者の便益が増加するという効果のことである。これは需要サイドの規模の経済性とも呼ばれ、この効果が重要な市場では規模の経済が大きいため参入が限定される。間接的ネットワーク効果は、複数の市場において、ある市場での需要者の増加が他の市場での需要者の便益を増加させるというものである。例えば、ある特定のOSのユーザーが多ければ多いほど、当該OS向けのアプリ開発者の便益が増加する。逆にアプリ開発者の数が多ければ多いほど、OSユーザーにとっての便益が増加することになる。プラットフォームは、このような間接的ネットワーク効果がはたらく要《かなめ》となっている部分をコントロールするものということになる。このように間接的ネットワーク効果が重要な市場でプラットフォームとして成功するには、複数の市場で同時に一定の規模を達成する必要がある。複数の市場での活動がコアになることを多面市場特性と呼ぶ。

＊1 数年前の文献であるが、これらの問題を包括的に検討したものとして、Stigler Committee on Digital Platforms, Final Report, September 2019, available at https://research.chicagobooth.edu/stigler/media/news/committee-on-digitalplatforms-final-report (hereinafter cited as Stigler Report) は現在でも有益である。

＊2 EU競争法のみならず、日本の独占禁止法や米国の反トラスト法、ドイツのカルテル法（競争制限禁止法）に相当する法律一般を意味する表現として「競争法」を用いる。

＊3 特定デジタルプラットフォームの透明性及び公正性の向上に関する法律第二条一項及び公取委『デジタル・プラットフォーム事業者と個人情報等を提供する消費者との取引における優越的地位の濫用に関する独占禁止法上の考え方』（二〇一九・一二・一七）を参照。

＊4 プラットフォームと多面市場特性について詳しくは、川濵昇・武田邦宣『プラットフォーム産業における市場画定』（RIETI Discussion Paper Series 17-J-032）（2017）（https://www.rieti.go.jp/jp/publications/cp/17j032.pdf）を参照。

デジタル・プラットフォームとはデジタル空間でのプラットフォームということになるが、デジタルであることがプラットフォーム問題を次のように強化するものとされる。

(2) デジタル・プラットフォームの市場特性：独占的傾向[*5]

デジタル・プラットフォームでは右で見た間接的ネットワーク効果をはじめ各種のネットワーク効果が極めて大きい。また、規模の経済性や範囲の経済性（複数分野の製品・役務供給することで供給費用が低下する傾向）も巨大であり、参入が著しく制限されている。さらに、その事業展開において顧客データを始め多くのデータを大量に入手できるが、それらのデータが関連事業分野の展開で不可欠なものとなる傾向がある。とりわけ、累積データの量が技術革新の鍵となることも多い。このことは規模の経済性を大きくし、既存業者の地位を強固にする。また、データの重要性や間接的ネットワーク効果は、一部の部門で無料の役務供給を必要となるなど特殊な傾向を生む。

上記の傾向は、デジタル・プラットフォームにおける事業展開が相互に関連する（しばしば補完関係にある）複数の部門を持つことを有利なものとする。コアとなるプラットフォーム事業の強みが他部門での強みとなることも多い。複数のコア部門が相互に強化することも多い。グーグル経済圏、アップル経済圏という具合にインターフェイスを整序することで関連する様々なセクターを束ねた生態系（エコシステム）と呼ばれるような性質を持つことも多い。このため、あるセグメントでの強みを他のセグメントで利用して経済力を強化するのではないかという疑念が持たれることも多い。

「場」の提供はこのエコシステムへの参入を可能にするという側面をもつ。また、そもそもプラットフォームが取引の場を提供することも多い（アプリストアやマーケットプレイス）。そのため、プラットフォーム事業者がいわば経済活動のインフラストラクチャーの管理者としての役割を果たすことも多い。この市場ないし経済活動の場への管理人的地位をゲートキーパーと呼ぶ。また、インフラストラクチャーを提供しながら、その上で展開される市場で競争を行うという二重の立場（潜在的利益衝突）があり、それが競争を歪曲するインセンティブを生み出しているという問題点も指摘されている。

さらに、コア部門でのユーザーにとって、他の業者に乗り換えるスイッチング費用が高いことや乗り換えを忌避する行動特性があるといわれている。これは、独占・寡占が維持されやすいことを意味する。

いわゆる巨大デジタル・プラットフォームは上記特性を併せ持つものである。強固な経済力とその持続力、相互依存関係のある多数部門への影響力の増幅、市場のゲートキーパー機能、情報蓄積の持つ優位性といった諸問題は相互に連関することで、複雑で新規な競争法上の問題を生じさせる。それらの問題群は伝統的な競争法で対処すべき課題であるが、その中には伝統的な競争法では対処困難な問題もある。3．ではその問題について説明する。

＊5　以下の問題について詳しくは、川濵昇「支配的デジタルプラットフォーム事業者の排除行為について」根岸哲・泉水文雄・和久井理子編『プラットフォームとイノベーションをめぐる新たな競争政策の構築』（商事法務、二〇二三）を参照。

3. 巨大デジタル・プラットフォームの競争法規制の困難

（1）伝統的競争法規整

競争法は市場支配力や独占力と呼ばれる経済的力に対処することを主たる任務とする。しかし、市場支配力の存在そのものを禁止するものではない。つまり、市場支配力が正常な競争過程で生成することそれ自体や単なる力の行使それ自体を禁じるものではない。正常な競争過程によらずに市場支配力を形成・維持・強化することや、競争を排除・歪曲するために市場支配力を用いることを禁じるものである。これは、正常な競争過程によらない反競争的な手段を用いた競争者の排除や企業結合による市場支配力の形成・強化を抑制すれば市場支配力の成立は予防されるし、市場支配力へのチャレンジが可能であればそれはある程度抑止されることを前提としている。正常な競争過程を逸脱した行為を規制し、経済力が競争を制限・歪曲しないようにすればやがては競争が問題を是正していくというものである。

（2）伝統的規制の限界

しかし、強大なデジタル・プラットフォームの経済力に対処するには問題が多いとされる。デジタル・プラットフォームの経済力は勝者総取りという市場の特性によって生み出されたものであることが多く、正常な競争過程を害することで成立したものと直ちには言えない。各種ネットワーク効果が力を強化したとしてもそれは競争法違反ではない。このような特性を持つ市場でいったん強力な地位を獲得した事業者はその地位を特に不当な行為を用いなくとも永続できるのではないかという疑念が持たれてきた。

このような疑念は二〇世紀にも存在した。二〇世紀末マイクロソフトのＰＣ向けＯＳ市場の独占が問題となったときも同種の疑念は持たれた。しかしながら、マイクロソフトは実際には不当な手段を用いてその地位を維持していることが米国の反トラスト訴訟で明らかになった。[*6]もっとも、そこで問題となった行為は従来の排除型行為に比べて巧妙かつ複雑なものであった。

巨大デジタル・プラットフォーム事業者が自己の地位を形成・維持・強化するために不当な手段を用いたという訴訟はＥＵ、米国等ではいくつか提起されているが、その手段の不当性の追及は非常に困難になっている。たとえば、グーグルはその検索エンジンをデフォルトとすることと引き換えにデバイス供給者に多額の金銭を利益シェアリングという名目で支払っているとされ、それが競争法違反ではないかという疑いが持たれている。独占者がその地位を維持するために独占利潤を分配するというのはあり得る手法である。他方、特定のアプリ等をデフォルトで設定されることの有利性はどの事業にとっても共通であるとするなら、その支払い自体は競争手段として適切なものといえないか。そうだとすると、それが不適法なのはどのような場合だろうか。ネットワーク効果が強く働く市場では、特定部門の有利性を他部門で用いることで元の有利性を強化する戦略などが用いられるが、その場合、不当性が明白でないことが多い。[*7]

同様の問題は独占力を他の部門で利用するときにも当てはまる。このような行為は競争法上問題がありそうだが、それらの行為が一定の合理性を持つと主張されることも多い。自己のシステムで自己を優遇し

＊6　United States v. Microsoft Corp., 253 F.3d 34, 47 (D.C. Cir.) (en banc), cert. denied, 534 U.S. 952 (2001) 参照。

＊7　川濵・前掲注（5）参照。

ただけの行為を不当といえるのか、違法の境界線が曖昧ではないかという問題もある。ゲートキーパー機能を有する事業者の活動は伝統的な手法で規制が可能であっても、違法と適法の境界線が曖昧な上、被害を被った事業者はゲートキーパーをおそれて積極的な対応を躊躇することも指摘されている。

企業結合規制についても、ビッグテックは将来脅威になる企業を早い段階で高額で買収し、それによってその力を維持しているとされる。しかし、スタートアップの買収は従来の企業結合規制ではその悪影響を把握するのが難しい。まだ競合が明白でない段階での買収は企業の効率性を高める競争促進的なものであるという主張もなされやすい。

そのため、伝統的な競争法の介入はハードルが高く、仮に介入可能な場合であっても調査、審査、訴訟は長期にわたり費用もかかる。また、訴訟が終結して違法が確認されたとしても、競争回復の措置を有効に機能させるのは困難ないし不可能だとされる。

（3）新たな介入方法

ＥＵのデジタル市場競争法は（2）で提起した問題に対応するため、コアプラットフォーム機能を有して、ゲートキーパー機能を持つ有力な事業者を指定し、そのような事業者にプラットフォーム利用での相互運用性やゲートキーパー機能の中立的な使用など積極的な競争促進的義務を課すことで、伝統的な競争法では直ちに違法といえないが、強力なデジタル・プラットフォーム事業者が競争を害する危険性の高い行為を抑止するという戦略をとっている。そのような積極的義務は不当な行為の予防となるだけではなく、プラットフォーム事業者と競争する事業やプラットフォーム上で事業活動を行う事業者が自由に競争する余地を広げるものとなっている。スマホ特定ソフト法も同様である。これは、プラットフォーム特性をもつ事業者がもつ経済力の特殊性に注目して、その地位が反競争的に利用されることを防ぐために積極的な義務を課すなどの予防規制を行うものである。従来の競争法とは異なり、さらにいわゆる公益事業や規制の手段とも異なった中間的な方式を追求したものといえる。

結語

デジタル・プラットフォームの登場は独占禁止法（競争法）に各種難問をもたらしているだけではなく、競争法では用いられなかった新たな規制手段の追求を促している。伝統的な法と新たな法ともに喫緊の課題が山積しており、多くの研究者・実務家の参入を必要としている。

第8章 知的財産法への招待

志賀 典之

はじめに

知的財産法は、財産的価値のある情報（知的財産）の保護と利用のルールを定める民法の特別法である。[*1] 「知的財産法」という名称の法律があるわけではなく、特許法、著作権法、意匠法、商標法などの知的財産を保護する法規の総称を知的財産法という（次頁図1）。

——とはいっても、まずは具体例からイメージをつかんでもらう方が有効だろう。毎日の生活の中で私たちは数多くの知的財産に囲まれている。知的財産が集積している代表例として真っ先に挙げられるのは情報機器、特にスマートフォンである。

＊1　茶園成樹『知的財産法入門〔第3版〕』（有斐閣、二〇二〇年）二頁。

①商標（トレードマーク）：Apple社製のiPhoneであれば、背面には右端が欠けた葉付きのリンゴのマークが描かれている。これは商標（トレードマーク）の一つである。この商標がついているスマートフォンはApple社製であることが分かる。商標は、特許庁に出願し、審査を経て登録されると、商標法で保護される。Apple以外のスマートフォン製品に無断でこの登録商標を付けて販売していると、商標権侵害となる可能性が高い。会社名、商品名なども、多くが登録商標として保護されている。

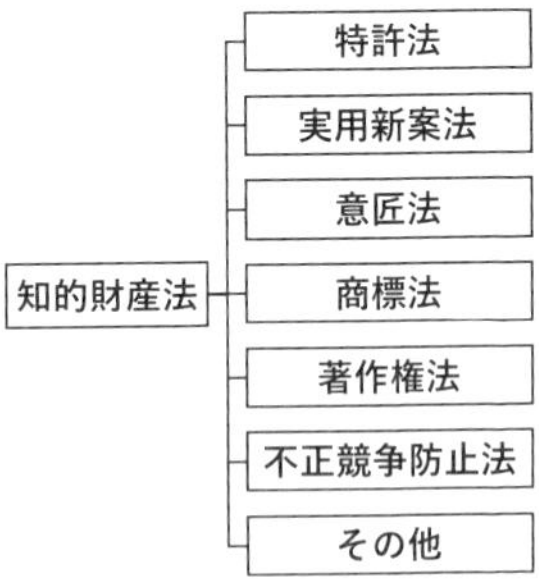

図1　知的財産法

②意匠（デザイン）：また、各社のスマートフォンは、店頭やＷｅｂサイトで比較すると明らかなように、様々な個性的なデザインをもっているが、このように製品に関するデザインは、意匠と呼ばれ、特許庁に出願し、要件を充たし登録されると、意匠法で保護されることになる。

③発明・考案：スマートフォンは何よりも、様々な技術革新の成果の結晶といえる。高速通信を可能にする技術や、フリック入力のようにユーザーの操作性を向上させるための技術、小さな端末にもかかわらず長時間の充電が可能であったり、動画の閲覧をするだけでなく高度な編集を可能にするなど、これらは発明（技術的思想［アイデア］の創作）であり、特許法の保護対象である。また、技術的アイデアの中でもさほど高度でない、物品の形状等に関するアイデア——たとえばスマートフォンの取扱いを便利にするためのケースの形状に関するちょっとしたアイデアなどは、考案と呼ばれ、出願すれば実用新案法で保護さ

れる可能性がある。[*2]

④著作物：スマートフォンを何のために使うのかといえば、もちろん、友人や家族などとの通話やメッセージによる情報のやり取りであったり、YoutubeやTikTokなどの動画や音楽、電子書籍などの情報の閲覧や発信、共有のためだろう。SNSやKindleなどで閲覧でき、また自身もアップロードや共有などをすることができる、文章、音楽、写真、画像、動画などのコンテンツの多くは著作物である。これらは、著作権法で保護される。著作物には、どこに登録しなくても、作っただけで著作権が発生する。プロの商業作品だけではなく、私たちが毎日スマートフォンで撮影する写真や動画も、その多くが著作物であり、著作権が発生する。

以下では、代表的な法律として、特許法と著作権法の特徴を見ていくこととしたい。

1．特許法

特許法の目的は「産業の発達」（特許法一条）、保護対象は発明である。発明とは、「自然法則を利用した技術的思想の創作のうち、高度のものをいう」（同二条一項）と定義される。発明というと、機械やコンピュータがイメージされがちであるが、発明にあたる範囲は驚くほど広い。製薬、食品、バイオテクノロジー、農業、プログラムなど第一次産業から第三次産業までの発明が特許法上保護される発明に広く

＊2　また、技術情報を含めた企業の秘密情報は、産業スパイや転職時の持ち出しなどの行為から、営業秘密として不正競争防止法で保護される可能性もある。

含まれ、コンピュータシステムが用いられれば、ビジネス方法も発明にあたる可能性がある（Amazon の「1クリック特許」や、江崎グリコの「置き菓子システム」など参照）。[*3]

しかし、発明をしただけでは特許権は成立しない。特許権を得るには、特許庁に出願し、これを充たせば特許を取れるという「特許要件」を充たしているかどうかについて、特許庁審査官による実体審査を受け、特許査定を得る必要がある（審査に「合格」する必要があるというイメージである）。

特許要件には、「新規性」（その発明が世界にまだ公開されていないこと。二九条一項）、「進歩性」（その発明の属する技術分野の平均的な人が簡単には思いつかないこと。同二項）、「公序良俗に反しないこと」（三二条）などがある。

特許出願がされた発明は原則としてすべて公開され（特許情報プラットフォーム J-PlatPat[*4] 参照）、これによって他の人がそれを参照してさらに新たな発明を行うための資料とすることができるため、産業の発展を促すことになる。

特許権が取れると、特許権者は他人が無断で業として特許発明を実施（特許製品の生産、販売等）することを禁止することができる（六八条）。無断で実施をすると特許権侵害となり、差止め（侵害品の製造販売停止など）、損害賠償を請求できる。また、特許権者は特許発明を自分で使うだけでなく、他の人の実施を認め（「ライセンス」）、実施料を得ることもできる。

特許法、実用新案法、商標法、意匠法は、「産業の発達」を目的（各法一条参照）としており、「産業財産権法」と呼ばれる。これらはいずれも、権利の発生に特許庁への出願と登録を必要とする。

2. 著作権法

著作権法の目的は文化の発展（一条）であり、産業財産権法とは異なる。保護対象の著作物は、「思想又は感情を創作的に表現したもの」（二条一項一号）と定義される。さらに、①言語（小説、詩、脚本など）、②音楽、③舞踊又は無言劇（振付）、④美術、⑤建築（芸術性の高い建築に限定）、⑥地図などの図面、⑦写真、⑧映画（動画も含む）、⑨プログラムが著作物として例示されている。

著作物であるためには、定義に照らし、（a）「思想又は感情」を含み、具体的に（b）「表現」されていることが必要である。「思想又は感情」は人間の精神活動を指すとされているため、動物の作ったもの（例：サルの自撮り）や自然物は含まれない。[*5] 具体的に「表現」されているとは、抽象的な「アイデア」ではない、ということを指す。小説のような言語の著作物の場合、世界観やあらすじ、登場キャラクターの性格などは抽象的なアイデアであり、小説で具体的に表現されている文章が著作権の保護対象とな

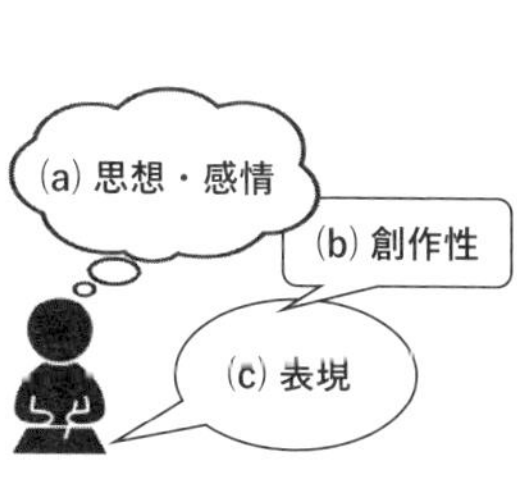

図2　著作物の要件

＊3　前田健・金子俊哉・青木大也編『図録知的財産法』（弘文堂、二〇二一年）六四頁〔前田健執筆部分〕参照。

＊4　https://www.j-platpat.inpit.go.jp/

＊5　人工知能の動作も、思想又は感情を含まない。しかし、出力した成果に他人の著作物が含まれると認められる場合には、その著作物の著作権侵害になる可能性があることには注意が必要である（文化庁著作権課「令和6年度著作権セミナー『AIと著作権Ⅱ―解説・「AIと著作権に関する考え方について」―』〔二〇二四年、三一頁　https://www.bunka.go.jp/seisaku/chosakuken/aiandcopyright.html〕）。

図表 3　知的財産各法の比較

		法律	権利	保護対象	権利存続期間	権利の発生
知的財産法	産業財産権法	特許法	特許権	発明	原則として出願日から 20 年	特許庁における登録
		実用新案法	実用新案権	考案	出願日から 10 年	
		意匠法	意匠権	意匠	出願日から 25 年	
		商標法	商標権	商標	登録日から 10 年（何度でも更新可能）	
		著作権法	著作権・著作隣接権	著作物・実演など	原則として創作時から著作者の死後 70 年	創作
		不正競争防止法	–（不正競争行為の禁止）	営業秘密、商品表示、商品形態など	—（不正競争行為の禁止）	—

る。美術なら作風、音楽ならコード進行などはいずれも抽象的アイデアであり著作物にはならない（もっとも、具体的事件におけるアイデアと表現の明確な区別は難しいことも多い）。

また、（c）「創作的に」表現したものであること（創作性）も要件である。これは表現に選択の幅がある中から一つの表現をし、なおかつ、作者の個性が表れていることを指す。他に表現しようのない数式や学問的定義、個性の表れないありふれた表現には創作性はない。

著作物を創作した人は、「著作者の権利」として、大きく分けて著作権（経済的・財産的な利益を保護する。著作物の無断利用により経済的に損をしない権利）と著作者人格権（著作者の精神的な利益を保護する権利）二つの権利を持つ。創作しただけで発生し、何らかの機関への登録は必要ない。著作権の存続期間は、創作の時から発生し、原則として著作者の死後七〇年まで と、特許法と比較すると非常に長い。

著作権侵害の要件は、次の二つである。

①依拠性：元の著作物にアクセスしたこと。元の著作物を知らず、たまたま表現が一致してしまっただけの場合は、著作権侵害とはならない。②類似性：元の著作物と少なくとも創作的表現部分が共通していること。ありふれた表現や扱っている事実のみが共通していても類似性はない。また、制限規定に該当する行為は著作権侵害とはならない。私的使用のための複製（三〇条一項。ただし、違法アップロード著作物をそうと知りながら行うダウンロードは「違法ダウンロード」として著作権侵害となる。同三号）や引用（三二条一項）など、著作権法には三〇余りの多数の制限規定が設けられている。

なお、著作権法にはこのほか、著作物を創作した人ではなく、著作物を伝達する役割を果たす人が有する著作隣接権として、実演家（歌手・演奏家・俳優など）の権利、レコード製作者の権利、放送事業者・有線放送事業者の権利が定められている。

著作権・著作隣接権侵害に対しては、差止めや損害賠償請求などの民事的救済のほか、刑事罰も定められている。

3．知的財産法の存在理由

このような制度はなぜ存在するのだろうか？　ある人が世界にもたらした知的活動の成果は、その人に帰属すべきである、という考えは、一見もっともであると思われるかもしれない。しかし、他人の活動の成果である情報が自由に利用できることこそが、技術革新や文化の発展をもたらしてきたことは、揺るがせにできない。電話の発明（一八七六年）から一五〇年でスマートフォンに至るまで通信技術が進展したのは、その技術情報が公開され、かつ、自由に使えるからである。著作物についても、たとえば小説やマンガは、キャラクターの性格やストーリーなど多くのアイデアが自由に使えるからこそ、新しい魅力的な作品が生み出せる。

だが、すべて模倣が自由に行える世界には弊害も考えられる。発明の場合、数十億円という開発費用を投下して会社AでようやくBさんが完成した発明が、すぐに他の会社Cに無断で使われてしまうと、製品を売ることによる利益も見込めないばかりか、投資した開発費用すら回収できない。これでは会社Aや発明者Bさんは開発・投資意欲自体が消滅するだろうし、産業の発展に負の影響を与える。そこで特許法は出願から二〇年という期間、特許権者に他人の利用を禁止する権利を認めることによって、発明の誘因（インセンティヴ）を設ける。

著作物についても、週刊誌に載っているマンガが早速無断でSNS上に公開されてしまうことになれば、続きを創作しようという意欲が起きないばかりか、クリエイターの生活が立ち行かなくなる危険がある。すると、文化の発展にも負の影響を与える。

このような観点から、知的財産権は産業や文化の発展のための「インセンティヴ」となるという存在理由が挙げられる（このような考え方は「インセンティヴ論」と呼ばれる）。

また、著作物については、作品が別の人が創作したことにされたり、無断で改変が行われることにより、作者が精神的に傷つけられることから保護されるために重要である（人格保護）、という存在理由も挙げられる。

このほかにも様々な理由が挙げられるが、いずれにしても、知的財産の保護と利用がそれぞれ一辺倒にならず適切なバランスの実現が重要であるという思考は、欠くことができない一つの核心をなすといえるだろう。

■参照・推薦文献　本文脚注に示したもののほか、

福井健策『18歳の著作権入門』ちくまプリマー新書、二〇一五年。

稲穂健市『楽しく学べる「知財」入門』講談社現代新書、二〇一七年。

文化庁著作権課『著作権テキスト—令和6年度版—』、二〇二四年（https://www.bunka.go.jp/seisaku/chosakuken/textbook/index.html）

島並良＝上野達弘＝横山久芳『著作権法入門〔第4版〕』有斐閣、二〇二四年。

高林龍『標準特許法〔第8版〕』有斐閣、二〇二三年。

第9章 グローバル社会における国際私法・統一私法の現代の構図

松永 詩乃美

はじめに

現代の我々の生活は外国から輸入した製品や食品などで溢れている。たとえば日本の会社が製造したPCや車、材料や部品がどこから来たかを考えてみればよい。あるいは日本産の作物や畜産物であっても、種子や肥料、飼料の少なからぬ部分が外国から輸入するものに依存しており、我々の生活は外国との繋がりなしには成り立たない。このような現代のグローバル社会においては国際私法や国際取引法分野が果たす役割は非常に大きい。当然、そこから生じる法的問題については、純粋に国内的な法律問題とは異なる処理が必要となってくる。例えば、まず日本で裁判ができるのかということが問題となり、日本で裁判をするということになれば、次にどこの国の法を適用して判断するのかが国際私法上問題となる。一方で、国際売買の分野では世界で私法を統一し共通のルールが成功しており、そのような統一私法を直接適用することによって解決する。このように、国際私法や国際取引法による複数の法分野による解決が、国境を越える私法上の問題には絡んでいるのである。本稿は、同じ国際民事紛争に関わるそれぞれの法の特徴を解説し、現代の両分野の役割の変化や今後について考える。

1．国際私法と国際取引法の視点の大きな違い

国際私法は国際的な要素が関わる法律問題について、外国法であってもその事案にとって一番関連が強ければその外国法を適用する。海外でも基本的には同じである。この適用される国の法を準拠法と呼ぶ。つまり、国際私法の役割はいずれの国の法を準拠法として選択するのかを決めることであると言い換えることもできる。日本では「法の適用に関する通則法」という法律が規定している（以下、法適用通則法と略する）。このように、国際私法は、世界の国がそれぞれ異なる国家法を持つことを所与のものとする法分野である。各国の民法が異なるとすれば、準拠法がどの国の法かで判決の結論が異なるため、当事者にとっては裁判の勝敗に関わる非常に重要な問題である。また、国際私法学から見ると、国によって準拠法がまちまちになるのであれば、法廷地漁りを助長するので、どこで裁判をしても同じ結果を導くことが望ましい。

他方、国際取引法は、国境を越える取引に関するあらゆる私法上の問題を取り扱うため、財産法の分野では国際私法による解決も国際取引法に含まれるが、国際物品売買契約に関する国連条約（United Nations Convention on Contracts for the International Sale of Goods：ＣＩＳＧ）のような世界の国で議論

をし統一した契約法が作成された統一私法による解決があるのが大きな特徴である。準拠法となる国家法を選択して適用する国際私法的な解決だけでなく、国際的な法統一を行い、統一私法による解決をする国際取引法は、例えば、ＣＩＳＧであれば世界で統一された売買法の内容そのものに関心を持つ分野である。このように、国際私法と国際取引法は、同じ国際的な私法問題を解決する法分野であるという共通の背景はあるものの、一見すると真逆のもののように見えるかもしれない。

2. 国際私法の基本的な理念

（1）国際私法の目指す解決――最密接関連地法の適用と判決の国際的調和

国際私法が理想状態とするのは、私人が国境や各国の法律の相違を意識することなく行動できる状態にあることだが、世界中の民法が統一されることはまずない（国際売買の分野においては統一私法が発達しているので後述する）。国や地域よって異なる法が併存しているわけであるから、国・地域によっては異なる法的評価がなされ、ある国では有効な婚姻や契約が、別の国では無効だとの結論になることがあり得るため、それでは非常に困る。そこで、国際私法の重要な理念の一つに「判決の国際的調和」が古くから言われる。ある事案について、いずれの国の法律に基づき判決が下されようとも同一の判断が下されることを国際私法は目指すのである。

この判決の国際的な調和を実現するために国際私法規則はどのような視点で規律するのであろうか。鍵となる理念は、①最密接関連地法への連結、そしてそれを支えるための②内外法の平等及び③暗闇への跳躍である。国際私法は、基本的にはどの国も、事案に最も密接な関連のある地の法を適用しようとする。それにより、事案に対する最適解が導かれるからである。そして、国際私法独自の観点から判断することで、どの国で裁判をしても基本的には同じ準拠法が適用され、結果が一致するのである。したがって、最密接関連地法を探すためには内国法も外国法も平等に扱わねばならない。なぜなら、仮に日本の裁判所が日本法を優先すると最密接関連地法を選ぶことはできないからである。そして、内外法の平等のためにも、準拠法の適用結果を事前に考慮することは許されず、適用した先の結果が分からないまま適用するから、暗闇への跳躍なのである。

そして、国際私法規則が準拠法へ結びつける連結点は、それぞれの国際私法上の問題となる単位ごとに最密接関係地として考えられるものを規定している。例えば、婚姻年齢や再婚禁止期間など婚姻の実質的成立要件が問題となった場合には、法の適用に関する通則法は二四条一項において「婚姻の成立は、各当事者につき、その本国法による」と規定する。婚姻は各国における歴史、風習、文化を反映するものであるため、婚姻の実質的成立要件も国によって異なるため、各当事者の本国が最密接関連地となると考えるのである。

(2) 明文規定がない場合の条理法——新しくも古い国際私法

日本の国際私法である「法の適用に関する通則法」は、明治三一年の法例を二〇〇六年大改正したものである。そして、この法適用通則法に規定していない問題や規定当初には予測していなかった新しい問題が生じた際には、条理によって解決する。現代においては、法適用通則法によりそれまで扱わなかった消費者契約や労働契約などが新設されたため、明文上条理によるべき場面は減少した。しかし、新技術の発展など今後新しい問題が生じれば、条理に依拠することは絶えないだろう。

ところでこの条理とは多くの人には聞き慣れないものであるが、非常に古くからある裁判規範であり、明治八年太政官布告の裁判事務心得「第三条　民事ノ裁判ニ成文ノ法律ナキモノハ習慣ニ依リ習慣ナキモノハ条理ヲ推考シテ裁判スヘシ」で示されている。また、明治二一年の立法理由によると、法例は治外法権撤去のために必要とされ[*1]、開国した明治政府の法典編纂において重要課題の一つであったことがわかる。このように、国際私法という法分野は、新しい法分野だとの印象を持たれがちであるが、日本の法律の中で、非常に古い法律である。

3．国際取引法に適用される統一私法のグローバリズムの進展と役割の変容

（1）私法統一の黎明から二〇世期後半まで

現在は複数の統一私法が存在する。その中でもとりわけＣＩＳＧについては契約書で適用するかどうかを合意することが問題となるため、国際取引実務ではよく知られている。しかし、私法を統一するという試みは、一朝一夕にはできない。以下、現代に至るまでの歴史的な概要を簡単にまとめる[*2]。

グローバルな国際取引に関する私法統一の現代の活動は、おもに国際連合国際商取引法委員会（ＵＮＣ

＊1　川上太郎『国際私法の法典化に関する史的研究』神戸大学経済経営研究所（昭和三六年一〇月）三二頁。

ＩＴＲＡＬ）、私法統一国際協会（ＵＮＩＤＲＯＩＴ）によってなされてきた。この二つのうちＵＮＩＤＲＯＩＴの方は一九二七年に国際連盟の諮問機関として設立されており、一九六四年「国際物品売買についての統一法」（ＵＬＩＳ）および「国際物品売買契約の成立についての統一法」（ＵＬＦ）を作成した。これは、一九三〇年代にドイツのエルンスト・ラーベルを中心に作業が開始され世界大戦による中断を経ながら作成されたのであるが、締約国が九か国と少なく、統一法としては失敗に終わった。この原因としてよく言われているのが理論中心であることや規定の内容も大陸法系の考えに偏っていたことが言われる。とりわけ、米国がこの起草に加わったのが起草の最終段階であること、起草作業の中断をした第二次世界大戦の前後で世界の様相が大きく変化したにもかかわらず欧州の先進国に起草の参加国が偏っていたことが指摘された。

この反省を踏まえて、国連総会が一九六六年に設立を決議したＵＮＣＩＴＲＡＬの構成国は、アフリカ、アジア太平洋、東欧、ラテンアメリカおよびカリブ海、西欧およびそのほかに割り当てられた構成国の枠で委員国が選出されている。当時は西欧の国を宗主国とするアフリカの諸国が独立して先進国と途上国といった南北の対立が深まる一方、社会主義国が資本主義国との間で貿易をするようになるなど東西との関係でも変化が見られる時期であった。そのような世界の転換期に、法・社会・経済の様々に異なる国家がある世界において広く受け容れられるような統一法を作る努力がなされた。統一私法を作成して世界共通のルールを持つという強い思いは、ＣＩＳＧの前文に表れている。「この条約の締約国は、……新たな経済秩序の確立に関する決議の広範な目的に留意し、……異なる社会的、経済的及び法的な制度を考慮した国際物品売買契約を規律する統一的準則を採択することが、国際取引における法的障害の除去に貢献し、及び国際取引の発展を促進する……」。

ところで、そのような法体系などの違いを乗り越えて作成されたＣＩＳＧは、二〇二四年現在九七か国にのぼり、二〇世紀後半の国際的な統一私法の手法としては成功を収めた。ＣＩＳＧが世界的に受け入れられた要因には、条約を加盟することで国内立法をする必要のないような形にしたことや、国家法の民法のように幅広い規律対象にするのではなく、強行規定に関わるような問題には言及せず、任意規定に限り（ＣＩＳＧ六条）、規律の範囲を契約の成立と当事者の権利義務のみに焦点を当てたこと、そして国際慣習を尊重（ＣＩＳＧ九条）し、様々な法体系や社会に考慮を払いながら、時には妥協を見せ、多くの国が合意できる部分をルール化していたことにある。

（2）二〇世紀以降の私法統一と平準化への変容

国連国際物品売買条約（ＣＩＳＧ）は、それまでの統一私法の失敗から、多様な価値観や法体系があることを配慮して作成され、よりグローバルな進展を見せるものであった。さらにその後、ＣＩＳＧを起草した学者が再度集まり、これを原型としてユニドロワ国際商事契約法原則やランドー委員会（ＣＥＣＬ）によるヨーロッパ契約法原則などが作成された。これらは、二〇世紀までの私法統一のような条約という

＊2　曽野和明＝山手正史『国際売買法』（青林書院、一九九三年、一六～二三頁）、曽野裕夫「グローバルな私法統一と地域統合の構図」（日本国際経済法学会年報第三一号二〇二二年、六三～六六頁）が、非常に分かりやすい。志馬康紀「ウィーン売買条約の起草史に見る比較法の貢献」（国際公共政策研究二〇号二巻、二〇一六年、四八～五〇頁）。

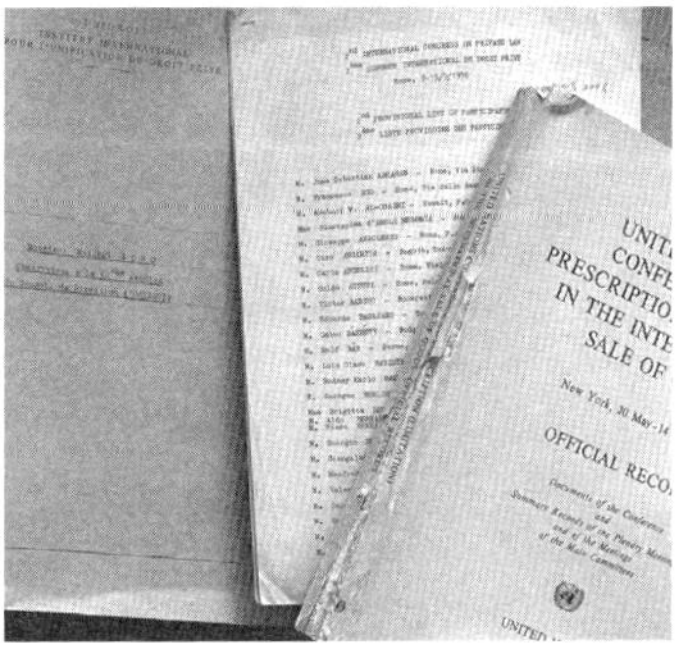

図１　UNIDROIT や UNCITRAL の起草資料
（出所：起草者の一人である曽野和明名誉教授［北海道大学・帝塚山大学］が当時に使用した資料。定年退職の際に、最後に指導を受けていた筆者が譲り受けた）

形を採らない「モデル法」として正規の条約とは異なり法的拘束力を有さない。また、「国内及び国際的分野における立法者のためのモデル」となるものとして作成されている。実際に、ユニドロワ原則は、ＣＩＳＧとともに、各国の契約法を現代化するための改正の際に参照されている。日本の民法の改正の際にも契約法について比較参照されていた。[*3] このように、統一私法は、当初想定されていた国際契約法の統一だけでなく、緩やかながらも各国の国内法へも影響を与えるものとなってきている。

４．国際的な私法紛争を解決する国際私法と国際取引法の現代における意義

国際私法の伝統的な解決手法の基本理念はどの国の法廷も最密接関連地となる法を準拠法として選択することで判決の国際的な調和を目指す。世界の国々で私法の共通言語を持とうとする私法統一の解決も、法の内容が同じになることで判決の国際的な調和が達成される。それぞれが根本的には異なるアプローチを採りながらも、目

指すものは同じであり、それぞれの作用が相反するものではない。そして、売買法を中心とした国際取引の分野ではとりわけ統一私法の重点が売買法の国際統一から国内法の「現代化」に移行してきたことは[*4]、現代の新たに生じる法的問題が、国際と国内を区別して考えられないようになり、グローバルな基準が必要であることの表れでもあると思われる。例えば、まだ法整備が進んでいないが、デジタル資産など新たな現代的な課題には、国際私法や統一私法だけでなく国内法も含めたグローバルな視点からの対応が必要であり、国際私法や国際取引法の活躍が期待される。

＊3 山田到史子「グローバルスタンダードとしての国際物品売買法ＣＩＳＧに対する民法の位置づけ―全体比較の鳥瞰と各論序説：「契約の解除と危険制度」比較―」（法と政治七四巻二号、二〇二三年一頁以下では、ＣＩＳＧの日本民法改正への影響に関する位置づけについて議論されている。

＊4 曽野裕夫 前掲注（2）六八～六九頁。

第10章 法哲学

服部 高宏

1．法哲学とは

私が担当する「法哲学」（あるいは「法理学」）は、法という社会現象を哲学的に考察する、法学の一学問分野である。法は、時代、国・文化それぞれに異なった様相を示してきた。そうした差異・変化を考慮に入れつつも、法の全体を視野に収め、法が法である上で不可欠な普遍的要素はあるか、あるとすればそれは何かを探るのが、法哲学の課題である。[*1]

かかる性格のため、法哲学は、法の条文や裁判所の判例を権威的前提に措定した上で思考する法解釈学とは対照的に、法に関するあらゆる前提を疑うことの許される、自由度の高い学問分野である。一九七〇

＊1　法哲学の代表的体系書として、田中成明『現代法理学』（有斐閣、二〇一一年）、酒匂一郎『法哲学講義』（成文堂、二〇一九年）など。

年代頃までは、経験主義、価値相対主義、論理実証主義等の方法論の影響が法哲学の分野でも根強く、実質的な価値判断を伴う問題領域には積極的に足を踏み入れにくい知的雰囲気があった。しかし、その後、とくにアメリカでの政治哲学・正義論の隆盛や、価値判断を含む推論・議論にも相応の合理性があるとの見方が有力になるにつれ、法哲学の問題領域の射程が格段に拡がった。もっとも、かつて法哲学の在り方を規定した、価値判断との関係において学問はどうあるべきかという問題は、解決したわけではなく、今なおそれを振り返ることには意義がある。

広く法学の中に位置づければ、民法学や刑法学等の法解釈学・実定法学に対し、法哲学は基礎法学の諸分野のひとつである。基礎法学には、法哲学の他、法社会学、日本法史・西洋法史・東洋法史・ローマ法などの法史学、外国法学（英米法、ドイツ法、フランス法、EU法、アジア法等）・比較法学等が含まれる。それらは歴史学や社会学等それぞれのアプローチを用い、法の社会的・歴史的実相に迫ろうとするものである。

法哲学に密接に関連する学問分野として、法思想史が挙げられる。[*2] 過去の優れた法律家・法学者の思想だけでなく、古代・中世を含め哲学者・思想家の国家や法に関する見解からも、今なお学ぶべきものが多い。法哲学者の中には法思想史に重点を置く研究者も一定数おり、日本法哲学会の学術大会でも、法思想史上の課題が統一テーマとして何年かごとに取り上げられる。

2．法哲学の基本問題領域

さて、法哲学者の数と同じだけ法哲学があるとかつて言われたが、法哲学者が論じるテーマは大まかに重なり合う。法哲学の基本的な問題領域として、法とは何かを検討する「法の一般理論」、法解釈・法適用の性質・構造を明らかにしようとする「法学方法論」、そして正義をはじめとする法と関連する諸価値について論じる「法価値論」または「正義論」が、最近ではほぼ共通して挙げられる。以下、その概要を説明する。

（1）法の一般理論

まず、法の一般理論においては、法とは何かを問う法概念論や、法はなぜ効力をもつのかを問う法の妥当根拠論、法の同定にかかわる法源論などのほか、法と他の社会現象等との差異・関係に関するテーマとして、法と道徳、法と強制、法と政治などの相互関係が問題とされてきた。そうした諸々の論争に通底してきたのは、法実証主義と自然法論の対立である。法の内容の少なくとも一部が道徳原理によって決定づけられ、法の妥当性はそれが（神の意思や人間の本性による）自然法に合致している点にあると説く自然法論は、中世までの世界観では主流であったが、法が主に制定法という形をとるとくに近代以降は、法の効力を道徳的価値とは無関係とみる法実証主義が、次第に有力になってきた。法に従う義務の根拠と射程を問う遵法義務論、内容上道徳的に邪悪な、あるいは非人道的な法であっても法なのかを問う悪法論（または市民的不服従論）など、自然法論対法実証主義の対立が根本にあるテーマは多い。また、法体系の構造や機能を解明しようとする試みや、権利・義務などの法の基本的概念の相互関係の分析、さらに、さま

＊2　法思想史の教科書として、中山竜一・浅野有紀・松島裕一・近藤圭介著『法思想史』（有斐閣、二〇一九年）等。

ざまな時代、国・地域の法の在り方や展開を分析するための枠組みとしての法類型論も、重要な問題領域である。

法と道徳というテーマとの関連では、法的規制の正当性と限界というテーマも、法の一般理論での取り組みである。J・S・ミル『自由論』以来、法的規制の正当な根拠として、他者への危害の防止が挙げられるのが常だが、それ以外に、道徳規範を法により強制するリーガル・モラリズムの当否や限界が問われ、さらに、自己を害する行為から守るためにその当人に一定の行為を強制ないし禁止するパターナリズムの正当性が問題にされる。近年では、規制手法の多様化が進み、本人の自由を損なわない仕方で巧みに人の行動を誘導する「ナッジ」ないしリバタリアン・パターナリズムやアーキテクチャー的規制が注目されることが増えており、国や地方自治体の施策においても実際に活用されている。

（2）法学方法論

次に、法学方法論は、法解釈の客観性をめぐって法学者が意見を戦わせたいわゆる「法解釈論争」にわが国での論議の起点があるが、それにとどまらず、ドイツ、アメリカ、フランスなど諸外国でも、独自の議論がさかんに行われてきた。ドイツにおける「自由法学」等による「概念法学」批判、アメリカにおける「機械法学」への「リアリズム法学」「社会学的法学」「批判法学」等による批判などがそれである。法解釈という営みそれ自体に否定的な見解も見られるが、今日では、法的推論・議論に——自然科学や形式論理学におけるそれとは異なる——独自の合理性があるとしたうえで、その性質や構造の解明を目指す種々の取り組みが概ね主流であると言ってよいであろう。

なお、コンピュータによる法的思考の支援の試みは――必ずしも成功したとは言えないものの――法学において古くから行われてきたが、最近の人工知能（ＡＩ）技術の飛躍的発達により、一種の職人芸の側面をもつためにその内的構造の解明が困難であった法的思考の仕組みも、次第により明確に捉えられるようになった。ディープ・ラーニングの手法の発達等により、少なくとも部分的には機械による代替の可能な時代の到来が現実味を帯びている。それに関連して、法学方法論へのアプローチにも今後大きな変化が現れることが予想される。

広い意味での法学方法論には、法解釈技法の研究も含まれる。既存のルールに基づく事案の画一的処理という意味での法的安定性と、事案の独自性・特殊性に照準を合わせた対応という意味での具体的妥当性の両方の要請に、原則・例外という思考図式や類推解釈や、拡大・縮小解釈等の技法も巧みに用いて応える仕方も、法哲学の検討の対象である。

（3）正義論

最後に、法価値論または正義論である。法に関係しうる価値は、広義の正義だけでない。正義が実現されずとも、安全・秩序という意味での「法的安定性」が求められる場合もありうる。日本でも近年、社会に潜むさまざまなリスクへの意識への高まりから、安全という価値の比重が随分と大きくなったように思う。

かかる留保付きではあるが、法哲学の基本問題領域のうちで近年最も活気を帯びてきたのが正義論である。それは、法哲学が価値問題を扱うにあたってかつて桎梏となった価値相対主義等の問題が解決されたからではなく、J・ロールズ『正義論』(一九七一年)[*3]に始まるアメリカでの正義論の隆盛の世界的影響によるものであった。社会の基本構造の在り方にテーマを絞る彼の正義論は、視点が拡散しがちな正義論議を政治哲学のレベルへと収斂させるのに成功し、功利主義に代わる、個人を主体とする社会の正義構想を、自由・平等を軸に展開する場を開いた。彼のリベラリズムは、善き生の在り方は各個人が選択するものとする一方、多様な善き生の構想の共存が可能になる社会の正しい仕組みをどう構築するかを問う。これに対し、国家からの自由を最大限に重視するリバタリアニズム、共有された善き生の構想を基軸に正義の在り方を検討する共同体主義、多様な文化集団等の正義観の共存を説く多文化主義、リベラリズムの公私二分論を批判し、私的領域の中に「政治」を剔抉するフェミニズムなどが主張されてきた。

近年では、具体的な社会問題・経済問題等への正義論の観点からの法哲学者の取組みも多い。生命倫理問題のほか、家族関係・ジェンダー、教育制度、移民問題、刑罰制度、表現の自由規制、環境問題、動物福祉、公衆衛生など、多様な問題に法哲学者が果敢に取り組むようになっている。私の知る三十数年前の法哲学の状況からは考えられないことだが、おそらくこの自由さが、法哲学に関心をもつ若い世代が絶えないひとつの理由であろう。

3. 私自身が取り組んできたこと

私自身は、途中二十年ほど外国法の授業担当をし、法哲学の研究をあまり深化させずに来たが、これまでの自身の研究に最後に一言触れたい。

私は、ドイツ憲法学の議論を素材にした法学方法論への取り組みから研究を始めたが、その際に念頭にあったのは、法の政治に対する関係が法解釈の在り方にどのように反映するかという問題意識であった。その後、テーマをさらに拡げて、法的思考や法的規制の射程について考えるようになり、ドイツの「法化」論や英米のパターナリズム論、[*4] さらにはN・ルーマンの社会システム論[*5]からも多くを学んだ。

最初の勤め先であった國學院大學から岡山大学に移った直後に、外務省専門調査員として在独日本大使館でドイツ内政調査に携わる機会を得、そこでの経験から、政治の動態の中で法が創出・変更され、その時々の具体的政治状況の中で法的機関のふるまいがどのように現れ・捉えられるかに関心をもつようになった。[*6] また、当地の政治家の演説に多くふれたことで、帰国後、岡山・広島の法哲学者を中心に行われていた法的レトリックの共同研究に自分なりの視角で参加することができた。[*7]

岡山大では、たまたま大学院で、看護や福祉の専門職の方々の社会人教育に関与することになった。看

＊3 ジョン・ロールズ（川本隆史・福間聡・神島裕子訳）『正義論（改訂版）』（紀伊国屋書店、二〇一〇年）。

＊4 服部高宏「『自律』概念とパターナリズム―ジェラルド・ドゥオーキンの見解を手がかりに―」『岡山大学法学会雑誌』（四九巻三・四号、三四五～三八九頁、二〇〇〇年）。

＊5 服部高宏「法が法であること―N．ルーマンのみる法教義学と法理論―」『生と死の法理：法哲学年報1993』（有斐閣、一九九四年、一七〇～一七七頁）。

＊6 服部高宏「法と政治の力学と憲法裁判――ドイツ連邦憲法裁判所批判を手がかりに」（井上達夫＝嶋津格＝松浦好治編『法の臨界［1］法的思考の再定位』（東京大学出版会、一九九九年、一〇三～一二〇頁）。

＊7 服部高宏「演説・政治・レトリック―現代ドイツ政治の一側面―」植松秀雄編『掘り出された術・レトリック』（木鐸社、一九九九年、一四五～一七〇頁）。

護・福祉の現場の話を聞きつつ、法学がそれにどうかかわればよいかを考える中で、法に縁の深い「正義」の視点からは見えづらい「ケア」の問題領域があることに気づいた。社会人大学院生の論文指導をする傍ら、ケアの専門職の活動を支援し、あるいは少なくともそれを損なわない法制度の在り方について、自分なりに勉強を始めた。また、この頃、共著で法哲学の教科書を刊行した。[*8]

京都大学に移ってからは、外国法講座に所属し、ドイツ法と「生命倫理と法」の授業を組み立て、諸分野の大学院生らの独語専門文献講読に伴走するだけで、二十年間ほぼ手一杯であった。ケア論の研究を細々と継続したほか、[*9]依頼を受けて法思想に関する二年間の雑誌記事連載の責めを何とか果たした。統治の仕組みとしてドイツの連邦制に関心をもち、業績にできたのは連邦・州の立法権限の分配や立法過程に関するものだけだが、[*10]地方からの政治過程の活性化のためにも連邦制は一定程度有効なのではないかと考えている。

＊8　平野仁彦・亀本洋・服部高宏『法哲学』（有斐閣、二〇〇二年）。

＊9　服部高宏「看護専門職とアドボカシー―アドボカシーの諸相と看護の可能性―」（『臨牀看護』三二巻一四号、二〇五〇〜二〇五五頁、二〇〇六年など）。

＊10　服部高宏「連邦と州の立法権限の再編―ドイツの連邦制改革の一側面―」（初宿正典・服部高宏他編『現代社会における国家と法　阿部照哉先生喜寿記念論文集』〔成文堂、二〇〇七年〕四五三〜四七三頁ほか）。

Column 1

債権回収法の研究

堀竹 学

1．本債権回収法研究の対象

筆者は、民法分野において、意思表示、不法行為、旅行契約についても研究してきたが、最も中心として研究してきた分野が債権回収法分野である。民法の研究は、その法体系上、総則、物権、担保物権、債権総論、契約法、法定債権（事務管理・不当利得・不法行為）、親族、相続と分類することができる。本稿で債権回収分野として主な対象にしているのは、民法の体系からすれば、担保物権と債権総論である。[*1]

担保物権については、基本的には動産・不動産を対象にしてはいるが、一般先取特権、権利質、用益物権（地上権、永小作権）を目的とした抵当権、債権譲渡担保権のように、有体物を目的財産にしていない権利（無体物担保権）もあり、有体物に対する物権であるとはいえない。このことから、担保権と称した方がより正確で、占有権、所有権、用益物権（地上権、永小作権、地役権、入会権）とは異なり、物権に収まりきらない権利とも言える。しかし、担保物権は、その目的財産が有体物か無体物かに着目するので

＊1　担保物権および債権総論の主要な法制度から債権回収法について著されているものに森田修『債権回収法講義』（有斐閣、第二版、二〇一一年）がある。

はなく、基本的機能からみて有体物担保権も無体物担保権も権利（所有権、債権等）を目的財産としており、その交換価値を支配できる権利であると理解すれば、無体物担保権にも有体物担保権と同様の規律ができると捉える考えがある。[*2] この考えに従えば、担保物権とは、債権を担保するため有体物か無体物かにかかわらず目的財産（権）の交換価値を支配しておき、債務不履行となり債権が満足を受けられない場合には、その財産（権）を処分した金銭から他の債権者に優先して弁済を受けることができる権利となる。この担保物権の本質的効力といわれる優先弁済的効力が、債権を回収する機能を果たすことになる。

また、債権総論は、民法第三編債権の第一章総則に規律されており、債権各論である第三編債権の第二章以下の約定債権（契約）、法定債権（事務管理、不当利得、不法行為）に対する総則的な法律制度ということになる。債権各論では、個別の債権の発生、内容等が定められている。その個別の債権に基本的に共通して適用されるのが債権の総則規定であり、債権の保全や保証、移転、消滅等々が存在することになる。しかし、その債権総論の内容を分析してみると、債権者から見れば「債権の回収」に関する定めが多く存在する。[*3]

2．流動動産・債権譲渡担保権の研究

それでは、これまでの債権回収分野の研究を具体的に示してみる。まず、中心的に研究してきたのが、流動動産・債権譲渡担保についてである。担保権については、担保権の設定段階や債権回収（担保権実行）段階の議論が多くなされている。確かに、設定段階では、約定担保権においては契約締結に関わるし、債

権回収段階においては債務不履行が生じており、実務上も重大な局面であるといえる。

しかし、被担保債権が分割され、各々の期日に弁済が順調に行われている途中の平穏な段階でも、担保目的財産を活用した事業継続は非常に重要な事項となる。なぜならば、流動動産・債権譲渡担保権においては、在庫商品、売掛債権が担保目的財産とされており、その財産は販売商品や売上という事業としてはまさに主要なものである。一般的な事業スタイルとして、商品の製造→商品の搬入→商品の売却（売掛債権の発生）→売掛債権の弁済受領→（弁済受領金等を使用して）商品の製造→……というサイクルが考えられる。製造業でなければ、商品の製造の部分を除外して想定すれば良い。このサイクルの中をよく見てみれば、商品の売却は、担保目的財産である在庫商品の処分であり、売掛債権の弁済受領は、担保目的財産である売掛債権の取立てである。どちらも担保目的財産の処分となる。したがって、流動動産・債権譲渡担保権においては、担保権設定者の担保目的財産の処分は事業継続にとって中心的なものとなるのである。また、担保権者にとっても設定者の売掛債権の弁済受領金の一部から被担保債権の弁済を受けるのが通常であるから債権回収に結びつくものとなり重要である。しかし、設定者の処分が過剰になり、担保目的財産が著しく減少してしまうと担保権者は債権を全額回収できないおそれが生じてしまう。[*4]

そこで、流動動産・債権譲渡担保権設定者の目的財産の処分権限をいかに画するか、時にはアメリカの

＊2　松岡久和『担保物権法』三九五頁（日本評論社、二〇一七年）。

＊3　堀竹学＝吉原知志『新民法の分析Ⅲ　債権総則編』（はしがき）ⅰ頁（成文堂、二〇一九年）において、債権総則を契約責任との関連性から債務不履行責任分野とその他の分野に分け、その他の分野を「債権回収に関する分野」として検討することを示した。

＊4　堀竹学「動産・債権譲渡担保権設定者の処分権限の立法動向（1）」追手門法学一号一七頁（二〇一四年）。

ＵＣＣ（統一商事法典）とも比較しながら検討し六編の論文を執筆してきた。そして、設定者の事業継続をできるだけ図るために、その処分権限を広く解してきたが、他方で担保権者の保護にも配慮してきた。その配慮の一つとして、物上代位を少し広く認める考えを示し二編の論文を示した。

現在、法制審議会担保法制部会において譲渡担保権、所有権留保、事業成長担保権を中心に法制化が進められているが、流動動産・債権を担保目的財産にする場合、設定者の当該財産の処分権は広く認められる方向で議論されている。[*5] 現在進行中のこの法制化の議論についても検討中である。[*6]

3．債権総論の債権回収分野の研究

債権総論には、債権回収に関する定めが多く存在するとしたが、具体的には以下のようなものを主な内容として挙げることができる。①債権の保全である債権者代位権および詐害行為取消権は、責任財産を増加させ債権回収を図る制度であるが、特に、債権者に直接の請求・弁済受領および相殺権の行使を認めることにより事実上の優先弁済的効力が生じている。②担保物権が物的担保であるのに対し、債権の保証は人的担保であるとされ、主債務者から弁済を受けられなくても、保証人、連帯保証人から弁済を受けられることから債権回収機能がある。③債権の移転である債権譲渡では、担保目的で債権を譲渡すれば、債権譲渡担保（担保物権）として優先弁済効力があるし、債権売買で受領した金銭による弁済や譲渡対象債権で代物弁済することも考えられる。④債権の消滅では、相殺には担保的機能があるし、[*7] 弁済においても第三者弁済や代物弁済で債権回収が図られることもある。さらに、⑤不可分債務や連帯債務、（資力のある債務者による）債務引受では、資力のある債務者に全額請求することにより債権回収が促進される。

以上のように債権総論には債権回収機能を有する法制度が多数あるが、そのうち、債権者代位権、詐害行為取消権、債権譲渡に関する検討を行ってきた。[*8] ただし、単に債権回収を促進すれば良いというものではなく、利害関係人の利益も考慮しながら適切な法制度を構築すべきである。その観点から二〇一七年の債権法改正により債権回収機能が後退したものに賛成するものもあるし、流動債権譲渡担保においては譲渡人（設定者）の取立権限を広く解することにより譲受人（担保権者）の債権回収機能に一定の制限をかける解釈も示した。今後も、取引社会に有用な法制度の構築を求めて、さらに債権総論の債権回収分野の研究を進めていく予定である。

＊5　担保法制部会では集合動産・債権譲渡担保権と称されているが、設定者の処分権が重要となる流動動産・債権と、流動性のない集合動産・債権を合わせたものを目的財産としている。そして、同部会の提案内容としては、現段階では担保法制部会資料（四二）二二頁、二五頁などがある。また、事業成長担保権は設定者である会社の総財産を目的財産とするが（担保法制部会資料（三九）四頁）、その中には流動動産・債権も含まれることになる。そして、同部会の提案内容としては、現段階では担保法制部会資料（三九）一二～一三頁などがある。

＊6　堀竹・前掲注（3）一五頁以下。法制審議会の議事録を受けて続きを執筆する予定である。

＊7　預金担保貸付において、貸主は預金債権を受働債権、貸金返還債権を自働債権として相殺することにより貸金返還債権の事実上の回収を行うことが例として挙げられる。なお、この場合、貸金返還債務の不履行により、同債務の残りすべての期限の利益喪失の約定等がされている。

＊8　堀竹＝吉原・前掲注（2）一六～二五頁、二六～三九頁、四〇～五三頁、九六～一〇九頁、一一〇～一二四頁、一二五～一四〇頁〔堀竹学〕。

Column 2

行政法と専門職自主法とがつくる新しい「行政法」

安田 理恵

1. 行政法研究のいま

行政法とは、行政（国および地方公共団体等）と私人（国民・住民および法人）との関係を規律する法をさす。しかし一九九〇年頃から、かつて行政が担っていた役割や機能を、行政以外の者が担う現象が増えている。例えば、行政から外に出されて自らの法人格を持つようになった独立行政法人や、行政が民営化され営利を追求することとなった株式会社が、かつて行政が担っていた公共的活動を行っていることがある。

行政活動を行政以外の者が担うと、何が問題となるのだろうか。それは、行政法が生まれ発展してきた歴史とその使命、行政法の射程（行政法が規律する範囲）を考えるとわかる。すなわち、行政法は、近代国家の登場とともに、憲法の具体化法として誕生した（この点で、民法や刑法よりも歴史の浅い法分野である）。行政法は、憲法の下、国家権力のうちの行政権に焦点をあわせ、行政権の濫用（例えば大臣が親族にのみ便宜を図ったり、国税庁が勝手に税金を引き上げたり等）を抑えるという使命がある。その時、行政法の射程は、国外ではなく国内の行政活動、私的主体（株式会社やＮＰＯ等）ではなく行政が行う行政活動等に限られている。そのうえで、行政法は、誕生のときから、行政権行使の濫用を抑制する仕組みを整備してきたのであった。例えば、自動車運転免許等の許可は、法律が定める基準と手続に従って、許可権限を有する行政庁が付与しなければならない（行政機関であっても許可権限を有さないものは許可をしてならない）。

しかし、冒頭に述べた近年の現象は、従来の行政法の想定を超えるものであり、したがって、従来の行政法は、これら現象に対して有効な法的規律を及ぼすことが難しくなっている。

2. 専門職自主法（民間の専門職団体が定立したルール）への注目

それでもなお、行政法学はどのようにすれば、従来の行政法が想定していなかった行政活動に対し、有効な法的規律を及ぼすことができるのか。

この課題に対して、多くの行政法研究者が様々なアプローチを用いて研究をすすめているなか、筆者は、民間の団体が自主的に定め運用しているルール（自主法）に注目することにした。このような自主法は、国会が定めたもの（制定法）ではないため、行政法学は法源として認識していない。しかし、特にアメリカにおいては、植民地時代から民間団体の設立（結社）が盛んであり、これら民間団体の自主法の豊かな展開が観察できる。そして、特に民間団体のうち、専門職で構成される団体においては、その専門職を称するにふさわしい条件とは何か、ふさわしくないとみなされた者は当該団体から排除するのか否か等に関して、ルールの定立や個別紛争の解決が蓄積している（たとえば、医療提供領域では、医師資格を医師会が認定したり、医師会からの除名処分の取消請求について、医師会内部の委員会が審査したりする）。

そこで筆者は、従来の行政法が想定している様々な行政活動のうち、専門知が必要な行政活動、特に医療提供に関する規制（医師免許、病院設置許可、医療保険給付等）を、行政法としての研究領域として設定した。そして、この領域において、国家が定立した行政法と医療専門職団体が定立した専門職自主法とが、それぞれどのように生成し、時に接合し時に独自に、法体系として展開しているかを、植民地時代から現在に至るまで検討することにした。

3．アメリカの医療提供に関する法の姿

歴史的にみると、アメリカの医療提供に関する法システムは、端的に述べれば、「はじめに専門職自主法があった。専門職自主法が国家に働きかけて、行政法は作られていった」という点に、日本と比べての特徴がある。日本は、明治時代に近代国家化し始めて以降、一貫して、行政法がはじめにあり、行政法のみが医療提供を規律してきた。医療職の免許制度も病院の許可制度も、医師会の創設も全て国家主導でなされている。したがって、民間の専門職団体が当事者によって自主的に創設されたり、その団体が自主法を定立して自律的に運用するという動きは日本では極めて弱い。これに対しアメリカの専門職自主法は、その歴史的経緯から、生ける法として、社会の中で現実に、時に行政法以上に人を動かす力を持っている。

では、専門職自主法と行政法とは、どのような関係性をもって医療提供領域のなかで機能しているのだろうか。第一に、専門職自主法と行政法とは、それぞれ固有の法システムとして、分離して存在している。

しかし、第二に、例えば行政による病院設置許可など一定の行政活動においてのみ、行政組織の内部にではなく外部に存在する専門職団体の存在を行政法制度が承認し、当該団体の専門職自主法を自らの法として取り込み適用して、行政の決定に内部化する仕組みとなる。このとき、形式を見れば行政が決定しているが、その内容は専門職団体の決定となっている。この構造を「接合」(articulation)と称する。専門職自主法と行政法という二つの法が接合する時、「両者はなおも固有性を保ったまま、対立的であると同時に相互補完的であり、一方は他方を必要とする」。

4. 「接合」構造の評価

専門職自主法と行政法との接合はどのように評価できるだろうか。権力・権限(power)という視点に立つと、この接合は、行政法を上位とするピラミッド構造を有し、行政法が専門職自主法に民主的正統性を付与するものと評価できる。他方、権能(authorization：専門知の表明をシグナルと捉える)という視点に立つと、この接合は、水平的なネットワーク構造を有し、専門職自主法が行政法に専門的正統性を付与するものと評価できる。上記二つの構造はともに、二つの法が外生的に相互を制御するものである。しかし、それでもなお、医療提供に対する十分な制御は難しい。

5．今までにはない、「行政法」の発見

そこで、筆者は現在、専門職自主法を自生的に制御する途を探究している。具体的には、専門職自主法それ自体がもつ力能を強くするために、専門職自主法のなかに、国家法である行政法と機能的に等価の原理・実体法・手続法を有する「行政法」（国家法としての行政法ではないため「」を付す）を見いだすことである。これにより、第一に、行政法が国家権力たる行政権を抑制できると同様に、「行政法」は、専門職団体という「社会」の内部に存在している事実上の権力の専横を抑制し、その団体構成員に共通の価値＝民主主義の実現をめざすことができる。第二に、専門職団体は、「行政法」に依拠して、対外的な交渉力、説得力をもつようになる。専門職団体は、「グループボイス」をつくりだし、それは、当該団体が有する専門知の確からしさと信頼（fiduciary）の一助となる。

アメリカの専門職団体をみると、このような「行政法」は生まれている。また、日本においても、その徴候として類似の法構造が生まれている。非国家法としての「行政法」は、国家法としての行政法に比べて制御能力は弱い。しかし、「行政法」が行政法と接合するとき、そして、専門職団体自身が、外部、特に国家に対して対抗力、交渉力をもつとき、上記の新しい現象にも有効な法的規律を及ぼすことのできる、新しい行政法のあり方を見いだしうるだろう。

おわりに

本書では、追手門学院大学法学部を担う一二名の法学教員・研究者が、多分野からなり、多様に展開する法学を、様々な角度から、わかりやすく説明している。

第一章「憲法から国会を考え直す—国会批判・再考」では、憲法による国会の位置づけから、国会に期待されるチェック機能、立法機能、代表機能が示される。そして、近年盛んに喧伝される「身を切る改革」=議員数の削減の議論が、国会が果たすべき諸機能にマイナスの影響を与えることが明らかにされる。

第二章「民法の樹」は、民法を大樹に見立て、民法の基盤たる基本原則が、どのように根を張り、幹を伸ばし、枝葉へと広がっているのかを示す形で、初学者に展望を与えようとする。民法三原則の一つである私的自治原則の具体化・制度化が示され、同原則を土台とする各科目が、階層構造(「親亀、子亀、孫亀」)をなすとともに、横断的に把握されるべきであるといわれる。

第三章「刑法学の入り口で考える」は、法学的素養を身につけるという観点から、刑法学の基本的な考え方を概観する。刑法典、実質的意義の刑法、刑罰(構成要件該当性、違法、責任)が読み解かれ、そこにおける思考枠組みが示される。そして、刑法と他の法との関係を考える中で、刑法解釈・理解の特性が明らかにされ、最後にこれらの思考の相対性、論究の多様性が強調される。

第四章「会社法におけるデジタル化の進展——バーチャル株主総会」は、デジタル化への会社法の対応を、株主総会を例に検討する。「バーチャル株主総会」の一般的意義を認めつつ、それを「参加型」、「出席型」、

「バーチャルオンリー」に分類し、それぞれについての法的問題を示す。そして、「バーチャル株主総会」の実施状況に照らして、それら法的課題の克服が容易でないことを明らかにする。

第五章「一民事手続法学徒の研究履歴」では、著者の研究発展・業績が紹介される。まず、（狭義の）民事訴訟法研究が、法律論として「頼りな」い審理過程論から、法律構成の持つ機能や実体法・訴訟法の役割分担を追究する当事者論に焦点を移し、訴訟対象論にまで及んだことが示される。また、倒産法改正への関与を契機に、民事執行手続と倒産処理手続を通して体系的に整合的な解釈論の導出を目指した倒産実体法の研究や、民事執行・保全法領域の諸研究などが生み出されたことが説明される。法学研究の広がり方・深まり方が示される。

第六章「行政法…法治主義と法治国家の間—緊急状況における日本とドイツの比較—」は、行政法の基本原理・「法治主義」（日本）と「法治国家」（ドイツ）を比較法的に分析し、それぞれの特徴を明らかにする。緊急状況の具体例、一九七〇年代の過激派ハイジャック事件と二〇二〇年代のコロナ危機における日独での対応が比較・分析され、法治主義を脇に置き、法的に詰めない迂回路が探られる日本と、法治国家原理に向き合い、その枠内における論理的可能性を追究して妥当な結論を導こうとするドイツとが対照される。そして、法治主義とその担い手を「鍛える」ことの必要性・重要性が強調される。

第七章「経済法のフロンティアとしてのデジタル・プラットフォーム問題」は、デジタル・プラットフォーム事業者、とりわけＧＡＦＡＭなどのビッグテック事業者への経済法的・競争法的対処とそこでの困難さを概観し、経済法の特質と現代的課題を説明する。デジタル・プラットフォームの意義とその独占的傾向について解説し、何故それへの対処が競争法の伝統的規制では困難なのかを明らかにすると同時に、追究される新たな規制方式を示して、経済法の発展の必要性を説いている。

第八章「知的財産法への招待」は、民法特別法たるこの法分野をわかりやすく解説する。知的財産の意義についてスマートフォンを例に説明した後、特許法と著作権法を例に、その特徴を明らかにする。そして、知的財産法が、産業や文化の発展のためのインセンティブとなり、創作者の人格を保護すること、また、知的財産の保護と利用のバランスを実現する法であることが強調される。

第九章「グローバル社会における国際私法・統一私法の現代の構図」は、グローバル社会で大きな役割を持つ国際私法と国際取引法について、準拠法を明らかにする前者と、統一私法を志向する後者との違いを明確化する。その上で、国際私法が、国際的調和を求め、条理に依拠することと、近年の国際取引法が、各国の様々に異なる国内法のモデルたろうとすることとが示される。そして、両者が、アプローチの相違にもかかわらず、国内／国際の区別の相対化という同じ方向を目指しているとされる。

第一〇章「法哲学」は、法哲学を、その発展と、実定法学や他の基礎法学との比較の中で位置づける。そして、法哲学の基本問題領域、つまり、法の一般理論、法学方法論、正義論について、その内容を概説すると同時に、近年における発展を紹介する。最後に、著者の研究展開が紹介され、法が持ち得る意義と限界を、理論的に検討すると同時に、法以外の政治、看護・福祉、生命倫理など具体的分野との関係で追究してきた、一貫した研究姿勢が示される。

コラム1では、著者が研究する債権回収法について、民法体系の中での位置づけが解説される。特に、著者の研究対象である流動動産・債権譲渡担保権について、問題の所在と著者の研究の特徴が示される。それに関連し、著者が研究してきた債権回収についても説明される。

コラム2では、行政が担ってきた役割・機能を行政以外の者が担う現象が増加する中、それに対する「行政法的」規律を追究する筆者の研究が説明される。医療分野のように専門職自主法の形で存在する法について、専門職自主法と行政法との関係が「接合」として示される。そして、自主法の中に「行政法」を見出すことにより、専門職団体が、内部における専横を抑止し、対外的により大きな意義を持ち得る可能性が示される。

これら多様な論稿は、具体的・実践的であると同時に体系的・理論的であり、歴史的、比較法的考察に基づき、継続性・一貫性を保ちつつ常に転回・発展に開かれている法学の在り方を、多角的・具体的に示しており、全体として「法学への招待」となっている。法学という遠くの山の全景が薄っすらとでも読者の視野に入れば、さらに、追手門学院大学法学部が用意する多くの魅力ある登山口のどれかが読者の興味を引くことになれば、という願いで本書は編まれた。最後に、故宮崎仁孝氏（追手門学院大学研究企画課）をはじめ、この願いを実現すべく尽力いただいた方々に心から感謝申し上げる。

追手門学院大学法学部長　高田　篤

【編著者一覧】
高田 篤（たかだ・あつし）〔編者〕追手門学院大学 法学部 法律学科 教授（公法学）
柴田 尭史（しばた・たかふみ）追手門学院大学 法学部 法律学科 准教授（公法学）
山本 顯治（やまもと・けんじ）追手門学院大学 法学部 法律学科 教授（民法）
小田 直樹（おだ・なおき）追手門学院大学 法学部 法律学科 教授（刑事法学）
前田 雅弘（まえだ・まさひろ）追手門学院大学 法学部 法律学科 教授（商法）
山本 克己（やまもと・かつみ）追手門学院大学 法学部 法律学科 教授（民事法学）
高橋 明男（たかはし・あきお）追手門学院大学 法学部 法律学科 教授（公法学）
川濵 昇（かわはま・のぼる）追手門学院大学 法学部 法律学科 教授（経済法）
志賀 典之（しが・のりゆき）追手門学院大学 法学部 法律学科 准教授（知的財産法）
松永 詩乃美（まつなが・しのみ）追手門学院大学 法学部 法律学科 准教授（国際法学）
服部 高宏（はっとり・たかひろ）追手門学院大学 法学部 法律学科 教授（法哲学）
堀竹 学（ほりたけ・まなぶ）追手門学院大学 法学部 法律学科 教授（民法）
安田 理恵（やすだ・りえ）追手門学院大学 法学部 法律学科 准教授（公法学）

OIDAI ライブラリー⑥
法学への招待

2025 年 3 月 25 日初版発行

編　者　高田 篤

著　者　柴田 尭史・山本 顯治・小田 直樹・前田 雅弘
山本 克己・高橋 明男・川濵 昇・志賀 典之
松永 詩乃美・服部 高宏・堀竹 学・安田 理恵

発行所　追手門学院大学出版会
〒 567-8502
大阪府茨木市西安威 2-1-15
電話 (072) 641-9723
https://www.otemon.ac.jp/

発売所　丸善出版株式会社
〒 101-0051
東京都千代田区神田神保町 2-17
電話 (03) 3512-3256
https://www.maruzen-publishing.co.jp/

編集・制作協力　丸善雄松堂株式会社

Printed in Japan

印刷・製本／富士美術印刷株式会社

ISBN 978-4-907574-39-0　C1032